도깨비 박사와 꽃섬의 비밀

글 이소영 | 그림 이경석 | 감수 김문주(EBS 초등 강사)

글 이소영
어린이들에게 우리가 사는 세상을 쉽고 재미있게 알려 주는 글을 쓰려고 해요. 멋진 하늘 아래 더불어 사는 우리를 꿈꾸어요. 쓴 책으로는 《행복한 사회공동체 학교》《꼬불꼬불나라의 환경이야기》《꼬불꼬불나라의 언론이야기》《영양 만점 곤충 식당》《미미네 점방으로 놀러 오세요!》 등이 있습니다.

그림 이경석
기발하고 웃음 가득한 그림을 그리고 싶은 만화가이자 일러스트레이터입니다. 만화책 《좀비의 시간》《을식이는 재수 없어》 등을 쓰고 그렸으며, 그린 책으로는 《읽자마자 수수께끼 왕!》《수상한 유튜버 과학탐정》《엄마, e스포츠 좀 할게요!》《퀴즈, 유해 물질!》《정약전과 자산어보》《한밤의 철새통신》《빛난다! 한국사 인물 100》 등이 있습니다.

감수 김문주
현직 청수초등학교 교사이자 EBS 초등 강사입니다. 어린이들에게 하나씩 알아가는 재미, 배움의 즐거움을 느끼게 해 주고 싶어요. 〈EBS 라이브 특강〉〈온라인 개학〉 등의 강의를 진행하였으며, 다수의 EBS 초등 과학 콘텐츠 및 교재 개발에 참여하고 있습니다.

1판 1쇄 발행 2022년 4월 30일
1판 2쇄 발행 2024년 8월 30일

글 이소영 | 그림 이경석 | 감수 김문주

펴낸이 김유열 | 디지털학교교육본부장 유규오 | 출판국장 이상호
교재기획부장 박혜숙 | 교재기획부 장효순

기획·책임편집 전윤경 | 디자인 김신애 | 인쇄 명진씨앤피

펴낸곳 한국교육방송공사(EBS)
출판신고 2001년 1월 8일 제2017-000193호
주소 경기도 고양시 일산동구 한류월드로 281
대표전화 1588-1580 | 이메일 ebsbooks@ebs.co.kr
홈페이지 www.ebs.co.kr

ISBN 978-89-547-6615-9 74400
         978-89-547-5927-4 (세트)

ⓒ 2022, EBS·이소영·이경석

사진 협조 Shutterstock

이 책은 저작권법에 따라 보호받는 저작물이므로 무단 전재 및 무단 복제를 금합니다.
파본은 구입처에서 교환해 드리며, 관련 법령에 따라 환불해 드립니다. 제품 훼손 시 환불이 불가능합니다.

추천사

　지금은 21세기입니다. 이젠 과학을 문화로 즐길 수 있어야 행복한 시대입니다. 과학을 즐긴다는 것은 무엇일까요? 세상의 모든 과학 지식을 습득한다는 말은 아닙니다. 과학 지식은 엄청나게 빨리 확장됩니다. 과학자조차도 쫓아갈 수 없을 정도죠. 과학을 즐긴다는 것은 과학자처럼 창의적으로 생각하고 과학자처럼 세상을 대하는 태도를 갖는다는 말입니다.

　그런데 과학적인 사고방식과 태도는 저절로 하늘에서 떨어지는 게 아닙니다. 과학을 즐기기 위한 마중물이 필요합니다. 기초적인 지식이죠. 그런데 이게 벌써 장벽이더라고요. 『과학이 BOOM!』 시리즈는 과학 세계로 들어가는 장벽을 낮추고 문을 넓혀 주는 책입니다. 아무런 강요 없이 초등학생이 알아야 할 과학에 관한 전반적인 것을 알려 줍니다. 초등학생은 물론이고 부모님께도 추천합니다.

이정모 (국립과천과학관장)

　궁금한 것도 많고 알고 싶은 것도 많을 때, 가장 좋은 방법은? 바로 정확한 정보가 담긴 좋은 과학책을 읽는 것입니다.

　과학책은 대부분 어렵고 지루하고 재미없어서 싫어한다고요? 하지만 세상에는 유튜브보다 빠르게, 틱톡보다 재미있게 과학 궁금증을 풀어내는 과학책도 존재합니다. 바로 『과학이 BOOM!』 시리즈입니다.

　"난 평범하게 살고 싶어!"를 외치면서도 과학 천재인 본모습을 숨기지 못하고 언제 어디서나 '여기서 잠깐!'을 외치는 수호를 따라 책장을 넘기다 보면, 어느새 궁금증은 해결되어 있고 나아가 궁금증에 대한 답을 찾는 원리까지 알게 됩니다. 엉뚱한 매력의 신기한 과학책, 『과학이 BOOM!』 시리즈를 통해 과학의 즐거움을 만끽하시길 바랍니다.

하리하라 이은희 (과학커뮤니케이터)

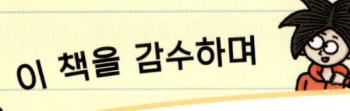

이 책을 감수하며

짜릿한 숨은 과학 찾기

"우와! 이건 무슨 식물이지?"
쏙~ 나온 싹을 보면 귀여워요.
그늘을 만들어 준 무성한 잎을 보면 고맙고요.
예쁘게 핀 꽃을 보면 절로 미소가 지어져요.
탐스러운 열매를 보면 침이 꼴깍 넘어가지요!

"애고, 그런데 식물은 움직이지도 못하고, 참 지루하겠다."
어허! 혹시 식물이 아무것도 하지 않고 한자리에 가만히 있는 것처럼 보이나요? 식물도 숨을 쉬고, 물도 마시고, 스스로 양분도 만들고, 또 씨를 만들어 자손을 남기기도 한답니다. 움직이지도 못하는 식물이 이런 일을 한다니 놀랍다고요?
아직 놀라기는 일러요. 식물이 꽃을 피우고 열매를 맺는 이유, 꽃 주변에 벌이 날아다니는 이유, 가을에 잎이 알록달록 물드는 이유, 식물의 생김새가 다양한 이유 등 식물의 비밀을 하나씩 하나씩 알게 될수록 입이 떡 벌어지게 될 테니까요.

『과학이 BOOM!』 시리즈는 등장인물들이 펼쳐 가는 흥미진진한 이야기 속에 과학을 숨겨 두었습니다. 이야기에 푹 빠져 술술 책을 읽다 보면 과학 지식이 하나둘 쌓이게 될 거예요. 또 이야기 중간중간 나오는 '여기서 잠깐!' 코너에는 꼭 알아야 할 과학 지식이 한눈에 보기 쉽게 정리되어 있습니다. 이해하기 쉬운 그림과 등장인물의 재치 있는 설명이 재미를 더해 준답니다. 여기에 더 깊이 있는 내용을 담고 있는 '과학 레벨업 하기' 코너까지! 탄탄한 구성으로 식물에 대한 궁금증을 싹 해결해 줄 거예요.

'과학 공부가 이렇게 재미있는 거였어?'
이 책을 읽으면서, 이야기 속에 숨어 있는 '과학'을 찾고, '아하!' 궁금증을 해결했을 때의 짜릿함을 느끼게 되기를 바랍니다.

EBS 초등 강사 **김문주**

차례

1장 꽃씨 때문에 · 식물의 탄생과 특징 ·············· 10
　　과학 4-2　우리 주변에 사는 식물 / 특수한 환경에 사는 식물
　　과학 6-1　식물 세포의 특징

2장 꽃섬에 가다 · 뿌리와 줄기 ·············· 30
　　과학 6-1　뿌리의 생김새와 하는 일 / 줄기의 생김새와 하는 일

3장 수상한 남자들 · 잎 ·············· 50
　　과학 4-2　잎의 특징에 따른 분류
　　과학 6-1　잎이 하는 일 / 잎에 도달한 물

4장 도깨비 박사의 비밀 · 꽃 ·············· 70
　　과학 6-1　꽃의 생김새와 하는 일

5장 바다 정원을 지켜라 · 열매와 씨 ·············· 90
　　과학 6-1　열매의 생김새와 하는 일

6장 어긋난 우정 · 다양한 곳에 사는 식물들 ·············· 110
　　과학 4-2　특수한 환경에 사는 식물 / 강이나 연못에 사는 식물

7장 뜻밖의 구세주 · 식물의 한살이 ················ 130

과학 4-1 여러 가지 씨 / 씨가 싹 트는 조건
식물의 한살이 관찰 계획 / 씨가 싹 트는 과정
식물이 자라는 데 필요한 조건 / 식물이 자라면서 잎과 줄기의 변화
꽃이 피고 열매가 맺히는 과정 / 여러 가지 식물의 한살이

과학 4-2 들이나 산에 사는 식물

부록 과학 레벨업 하기

- 식물 세포와 동물 세포는 어떻게 다를까? ················ 154
  과학 6-1 식물 세포의 특징

- 뿌리와 뿌리혹박테리아 ················ 155

- 나이테는 왜 생기는 걸까? ················ 156

- 잎의 생김새로 분류하기 ················ 157
  과학 4-2 잎의 특징에 따른 분류

- 왜 가을이 되면 잎의 색이 변할까? ················ 158

- 식물을 본뜬 발명품들 ················ 159
  과학 4-2 식물의 특징 활용

- 사막의 다양한 식물들 ················ 160
  과학 4-2 특수한 환경에 사는 식물

주요 등장인물

수호

나 알지? 평범하게 살고 싶어 초등학생이 된 천재 소년. 그런데 학교에 간 뒤로 평범하지 않은 일이 자꾸만 일어나네. 이번엔 배를 타고 섬으로 가게 되었어. 또 무슨 일이 일어날까?

안느

고양이 집사가 되는 게 나의 단 하나 소원이야. 꽃섬에 가서 아주 간단한 일을 하고 돌아오면 그 소원이 이루어질지도 모른대. 그런데, 간단한 일 맞을까? 또 이상한 사건에 휘말리는 거 아냐?

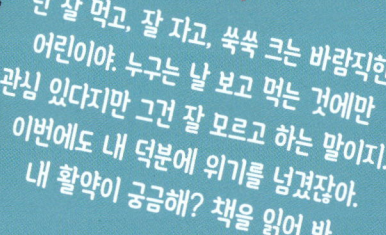

세찬

난 잘 먹고, 잘 자고, 쑥쑥 크는 바람직한 어린이야. 누구는 날 보고 먹는 것에만 관심 있다지만 그건 잘 모르고 하는 말이지. 이번에도 내 덕분에 위기를 넘겼잖아. 내 활약이 궁금해? 책을 읽어 봐.

그 외 등장인물

털뭉치 할머니

옛 친구가 30년 만에 엽서를 보내왔어. 아무래도 그 친구가 위험에 처한 것 같아. 하지만 뱃멀미 때문에 친구를 만나러 갈 수 없으니…. 어떡해, 말썽꾸러기들이지만 왠지 든든한 삼총사를 보낼 수밖에.

도깨비 박사

한때 모험심이 넘치던 식물 연구자였어. 하지만 지금은 섬에 들어가 조용히 식물을 가꾸며 살고 있지. 그런데 하루아침에 내가 가꾼 식물들을 다 잃게 생겼지 뭐야. 이거 어쩌지?

박씨 아저씨

나는 꽃섬 최고의 농부이자 경운기 운전의 달인이여. 도깨비 박사님은 좀 엉뚱하긴 하지만 참 존경할 만한 분이제. 그래서 내는 도깨비 박사님이 하는 일이라면 무조건 찬성이여!

안녕! 나야 나, 수호!

지금부터 식물에 대해 배울 거야.
한곳에 가만히 서 있기만 하는 식물,
왠지 지루할 것 같다고? 아니, 아니!
식물들도 속임수를 쓰고, 멋진 아이디어를 내기도 해.
알면 알수록 식물의 세계는 놀랄 일투성이지.
자, 준비됐지? 그럼, 시작한다!

1장

꽃씨 때문에

식물의 탄생과 특징

"으아악! 난 몰라."

마당에서 엄마의 찢어지는 듯한 고함 소리가 들려왔다. 안느는 젓가락을 든 손을 잠시 멈췄다가, 다시 식탁 위 반찬 그릇을 향해 움직였다.

쾅!

마당과 주방 사이에 있는 문이 벌컥 열렸다.

엄마의 얼굴이 벌겋게 달아올라 있었다. 엄마가 식탁까지 날아와 안느의 젓가락 앞에서 불고기가 담긴 접시를 치워 버리기까지는 정말 1초도 걸리지 않았다.

"어……."

안느는 엄마를 올려다보았다. 대체 무슨 일이 일어났기에 딸의 눈앞에서 불고기를 빼앗아 가는지, 안느는 이해할 수 없었다.

"나와 봐."

엄마의 싸늘한 목소리에, 안느는 젓가락을 슬며시 식탁 위에 내려놓고 엄마를 따라 밖으로 나갔다.

"이거 보여? 이게 누구 짓인지는 말 안 해도 알겠지?"

엄마의 부들부들 떨리는 손가락이 망가진 작은 울타리 안쪽을 가리켰다.

안느 집 마당에는 특별한 장소가 있다. 바로 엄마가 가꾸는 꽃밭이다. 이른 봄부터 가을까지 꽃들이 쉼 없이 피고 진다. 이웃들을 초대해 차를 대접하며 은근히 꽃밭을 자랑하는 게 엄마의 즐거움이다.

올해는 그 꽃밭에서도 가장 중앙에 작은 울타리를 둘러 씨를 하나 심었다. 그게 뭐냐고 안느가 여러 번 물었지만, 엄마는 전설의 꽃씨라며 알쏭달쏭한 말을 했다.

아무튼 애지중지 물을 주고 아침마다 클래식 음악까지 틀어 주며 정성을 쏟던 어느 날, 땅속에서 손톱만 한 잎 두 개가 올라왔다.

아무튼 엄마와 그런 대화를 나눈 게 이틀 전이었다. 고 작은 쌍떡잎식물은 이틀 사이에 줄기가 쑤욱 자라서, 엄마의 이쁨을 더욱 받고 있었다.

그런데 말이다. 오늘 아침 그 울타리 안에 있던 식물이 뿌리가 뽑히고, 잎은 찢어진 채 널부러져 있는 거다. 그리고 울타리 안에 어지럽게 이리저리 나 있는 것은 바로 고. 양. 이. 발. 자. 국. 크기가 작은 걸로 보아, 분명 어제 안느가 데리고 온 새끼 고양이임에 틀림없다.

안느는 어미가 버리고 간 새끼 고양이를 제발 하루만 보살

피게 해 달라고 부탁했다. 엄마는 마지못해 마당 한구석에 작은 상자를 놓아두는 걸 허락했다. 그런데 그 새끼 고양이가 은혜도 모르고, 엄마의 귀한 식물을 망쳐 놓은 거다.

안느는 재빨리 집 안으로 들어가 가방을 들고 나왔다. 그리고 대문을 열고 달렸다.

"너, 어디 가? 이거 어떡할 거야?"

안느는 뒤도 돌아보지 않고 소리쳤다.

"새끼 고양이 찾으러!"

"푸하하하하!"

수호가 입 밖으로 밥풀을 튀기며 웃어 댔다. 세찬이는 식판에서 눈과 손을 떼지 않은 채 물었다.

"그래서 고양이는 찾았어? 너 오늘 집에 못 들어가는 거 아냐?"

"몰라. 엄마한테 문자 왔어. 그 꽃씨를 가져오기 전에는 집에 오지 말래."

안느가 젓가락으로 고사리나물을 쿡쿡 찔렀다.

"어쩜 그럴 수 있어? 이렇게 말도 못하는 식물이 중요해, 살아 움직이는 새끼 고양이가 중요해?"

세찬이가 얼른 안느의 식판에서 고사리나물을 가져왔다.

"왜 그래, 고사리나물이 얼마나 맛있는데. 새끼 고양이도 중요하지만 맛있는 고사리도 중요한 거야."

"얘들아."

수호가 얼굴에서 웃음기를 지우고 진지한 얼굴로 안느와 세찬이를 번갈아 보았다.

"그럼, 식물이 없어지면 어떻게 될 것 같아?"

"그야 뭐, 맛없는 당근을 먹지 않아도 되니까 좋지 않을까?"

안느가 어깨를 으쓱해 보였다. 세찬이가 그런 안느를 보고 고개를 절레절레 흔들었다.

세찬이가 수호의 말에 갑자기 고사리나물에게 꾸벅 인사를 했다.
"고사리 할아버지, 제가 감히 한 입 먹겠습니다."
그 모습에 수호는 설명을 잇지 못하고 웃어 버렸다.
"아! 얘들아, 생각났어. 그 전설의 꽃씨를 다시 구할 수 있을 것 같아."
안느가 눈을 반짝이며 자리에서 일어났다.
"엄마에게 꽃씨를 준 사람은 털뭉치 할머니야. 얼마 전에 두 분이 비밀스럽게 무언가를 주고받는 걸 봤어. 그게 바로 꽃씨였어!"
안느가 수호와 세찬이의 어깨를 꽉 잡았다.
"같이 가 줄 거지?"

그날 오후.

"저기 보이지? 떡잎이 두 개씩 난 식물들 말이야."

안느가 살짝 열린 대문 틈으로 보이는 식물들을 가리켰다. 수호도 까치발을 하고, 대문 안을 들여다보았다.

"응, 보여."

"그런데 안느 너, 정말 몰래 들어가서 저 식물을 가져올 생각이야?"

"물론이지. 너희는 여기서 털뭉치 할머니가 오시는지 잘 살펴봐."

안느가 굳은 표정으로 가방을 고쳐 멨다.

"안 돼! 단순절도죄는 6년 이하의 징역, 천 만원 이하의 벌금에 처하는 중대한 범죄야."

수호가 안느 앞을 막아섰다.

"말리지 마. 난 저 식물이 꼭 필요해."

안느가 안으로 들어가려고 대문을 열었다. 수호와 세찬이가 안느를 잡아당겼다.

그때, 아이들 뒤로 손이 나타났다.

"요녀석들, 지금 뭐 하는 거냐?"

셋은 할머니 앞에 주르르 무릎을 꿇고 앉았다.

"그래, 전설의 꽃씨가 필요하다는 거지?"

안느가 울먹이는 소리를 냈다.

"네, 제발 꽃씨 좀 나눠 주세요. 그게 없으면……, 훌쩍."

털뭉치 할머니는 눈을 지그시 감고 고민하는 듯했다. 그러더니 아이들 앞에 엽서 한 장을 탁 내려놓았다.

"좋다. 거래를 하자. 사람을 한 명 찾아 주면, 꽃씨를 주마."

아이들은 얼른 엽서를 들어 살펴보았다. 수호가 안경을 고쳐 쓰며 놀란 듯 물었다.

"저희더러 여기에 가라고요?"

"별로 멀지 않아. 가서 그 사람이 잘 지내고 있는지 보고 오기만 하면 돼. 아주 간단하지?"

세찬이가 걱정스러운 얼굴로 말했다.

"전 배를 타 본 적이 없는데……."

"그래? 그럼, 꽃씨는 없던 일로 해야겠네."

털뭉치 할머니가 엽서를 집어 들었다. 그러자 안느가 얼른 엽서를 가지고 와서 주머니에 넣었다.

"할게요. 무조건 할 수 있어요."

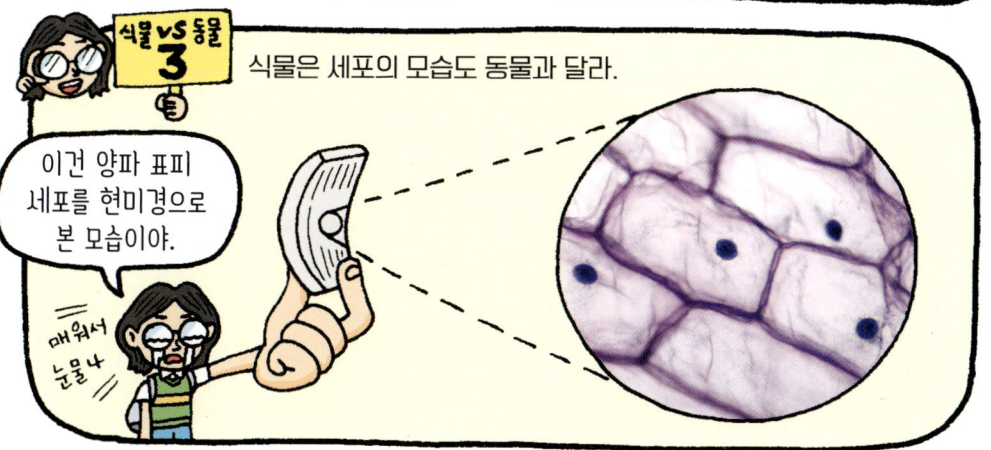

식물의 탄생

지구는 약 46억 년 전에 태어났어. 그리고 기나긴 시간을 지나 지금의 모습이 되었지. 그럼, 식물은 어떻게 시작되었을까?

식물이 지구상에 처음 모습을 나타낸 건 바다였다고 해. 파래, 미역, 다시마 같은 걸 떠올려 봐. 이런 **조류**가 바로 식물의 조상이야. 물속에서 스스로 양분을 만들며 사는 단순한 생물이지.

조류 중 녹색을 띠는 **녹조류**가 점차 땅 위로 올라와서 살게 되었어.

씨 없이 포자로 번식하는 **선태식물**이 생겼어. 물기가 많은 축축한 곳에서 자라지.

미역이 이렇게 오래된 줄 몰랐어.

미역국 할아버지, 안녕하세요.

역시 예절맨

선태식물?

이끼 같은 게 선태식물이야.

이후 생겨난 고사리 같은 **양치식물**은 이끼보다 훨씬 크게 자랄 수 있었어. 고생대 때에는 25미터까지 자라기도 했대. 양치식물도 포자로 번식하는 식물이야.

씨가 겉에 드러나 있는 **겉씨식물**이 생겼어. 소나무나 은행나무, 잣나무 등이 겉씨식물이야.

이후 꽃을 피우고 열매를 맺는 **속씨식물**이 생겼어. 우리가 아는 대부분의 식물이 속씨식물이야.

소나무의 솔방울을 보면 씨가 겉에 있지.

속씨식물은 씨가 안에 있어서 밖에선 안 보여.

뿌리야, 일하는 건 좋은데 밤엔 좀 자자!

식물이 강한 바람에도 쓰러지지 않는 이유는 뭘까?

그건 바로 흙을 단단하게 붙잡고 있는 뿌리가 있기 때문이야. 드러나지는 않지만 뿌리는 흙 속에서 아주 중요한 일을 하고 있어. 그리고 줄기는 기둥처럼 식물이 서 있도록 도와주지. 이번 장에서는 뿌리와 줄기가 어떤 일을 하는지 알아보자.

2장

꽃섬에 가다

뿌리와 줄기

 수호와 안느, 세찬이는 머리를 맞대고 엽서를 들여다 보았다. 배가 파도에 흔들릴 때마다 아이들의 몸도 오른쪽, 왼쪽으로 흔들렸다.

"이 엽서를 보낸 사람이 저 섬에 살고 있다는 거지?"

"응, 털뭉치 할머니에게 중요한 사람인가 봐."

세찬이가 엽서를 앞뒤로 뒤집어 보았다.

"그런데 엽서를 보낸 사람이 누굴까? 주소만 달랑 적혀 있어. 정말 못 그린 그림이랑."

엽서의 한 면에는 아무런 메시지 없이 담쟁이덩굴 그림만 어지럽게 그려져 있었다.

흠, 수호가 이마를 찌푸렸다.
"담쟁이덩굴에 어떤 의미가 있을지도 몰라. 담쟁이덩굴은 벽이나 기둥에 기대어 자라는 덩굴 식물이야. 그러니까 나의 뛰어난 두뇌로 추리했을 때, 이 그림의 의미는……."
"아, 몰라. 어쨌든 여기 적힌 주소로 찾아가서 거기에 사는 사람을 만나면 되잖아. 그다음 털뭉치 할머니께 소식을 전하는 거지. 아주 간단한 일이야."
안느가 별일 아니라는 듯 말했다. 그러면서 얼굴 가득 미소를 지었다.
"그러면 할머니가 나에게 전설의 꽃씨를 주겠지. 난 꽃씨를 가지고 가서 엄마에게 당당히 말할 거야. 새끼 고양이를 키우게 해 달라고. 아, 얼마 뒤면 나도 키울 거야, 고양이."

안느가 꿈꾸는 얼굴로 두 팔을 활짝 펴고 뱃머리에 섰다. 끈적이는 바닷바람에 머리카락이 나부껴 얼굴에 철썩철썩 달라붙었다.

"그렇게 일이 술술 풀리기만 한다면 좋을 텐데."

수호가 엽서를 받아 다시 가방에 넣었다.

곧 '꽃섬'에 도착한다는 안내 방송이 나왔다. '꽃섬에 오신 것을 환영합니다.'라고 커다란 돌에 새겨진 글자들이 또렷이 보이기 시작했다. 배가 천천히 선착장으로 다가갔다.

꽃섬이라는 이름과 다르게 섬은 왠지 어두웠다. 하늘에 가득한 먹구름 때문인지 선착장 주변에 있는 건물들도 왠지 칙칙해 보였다. 게다가 건물에 걸려 있는 현수막에는 알 수 없는 글들이 적혀 있었다.

경운기는 한참을 털털거리며 길을 따라 달려가다가 멈췄다. 드문드문 보이던 집도 사라지고, 논과 밭만 펼쳐진 곳이었다. 박씨 아저씨가 산 쪽을 가리켰다.

"저기가 도깨비 박사님 집이여. 도깨비 박사님한테 박씨 아저씨가 안부 전한다고 해라잉."

박씨 아저씨가 다시 털털거리며 경운기를 몰고 떠나자, 아이들도 도깨비 박사 집 쪽으로 걸음을 옮겼다. 가까이서 본 집은 온통 담쟁이덩굴로 덮여 있어, 사람이 사는 집 같지 않았다.

끼익, 바람에 낡은 대문이 덜컹거렸다. 수호와 안느, 세찬이는 서로 먼저 들어가라며 등을 떠밀었다.

"누구냐!"

"엄마야!"

갑자기 들려온 큰 소리에 셋은 깜짝 놀라 소리를 질렀다. 눈앞에 삐죽삐죽한 흰 수염을 기르고, 고무신을 신은 할아버지가 서 있었다. 머리에 뿔만 있으면, 정말 도깨비라고 해도 믿을 것 같았다.

수호가 떨리는 손으로 엽서를 내밀었다.

"저희는 털뭉치 할머니의 부탁을 받고 왔습니다."

도깨비 박사는 엽서를 힐긋 보더니, 따라오라는 손짓을 했다. 그러더니 성큼성큼 어디론가 걸어가기 시작했다.

'어딜 가는 거야?', '나도 몰라.' 아이들은 입 모양으로 대화를 나누며 뒤따라갔다.

도깨비 박사는 집 가까이에 있는 밭으로 갔다. 밭에는 풀이 무성했다.

"여기 벼처럼 잎이 길쭉한 것이 왕바랭이, 그 옆에 줄기가 통통한 것이 쇠비름이다."

아이들이 눈을 동그랗게 뜨고 도깨비 박사를 쳐다보았다.

"내가 요새 바빠서 밭에 신경을 못 썼더니 아주 엉망이 되었구나."

쯧쯧, 도깨비 박사가 혀를 차며 밭을 둘러보았다.

"뭣들 하냐, 어서 안 뽑고. 뿌리까지 싹 뽑아야 한다."

그러더니 밭둑에 있는 나무 그늘 아래로 가서 벌러덩 드러누웠다.

"속았어!"

안느가 두 손을 바들바들 떨었다.

"저 할아버지 집에 일할 사람이 없어서 우리를 보낸 거야."

수호도 한숨을 쉬었다.

"이왕 이렇게 된 거, 얼른 끝내자. 그냥 돌아가면 꽃씨도 못 받을 거야."

세찬이가 안느와 수호의 어깨를 두드려 주었다. 그러고는

왕바랭이의 잎을 잡고 당기기 시작했다.

"어! 이거 왜 이렇게 안 뽑혀?"

세찬이의 팔에 점점 힘이 들어가고, 얼굴이 빨개졌다. 결국 왕바랭이는 뽑지 못한 채 세찬이는 엉덩방아만 찧었다.

"으이그, 힘이 그렇게 약해서야. 내가 하는 걸 좀 봐."

안느가 발밑에 있는 쇠비름 줄기를 잡고 당겼다. 하지만 역시 통통한 줄기만 톡 끊어질 뿐 뿌리째 뽑히지는 않았다.

"뿌리는 식물이 넘어지지 않도록 꽉 잡아 주는 역할을 해. 그래서 쉽게 뽑히지 않아."

수호가 세찬이와 안느에게 모종삽을 하나씩 건네주었다.

"또 뿌리가 있어야 식물이 계속 성장할 수 있어. 도깨비 박사님의 말처럼 뿌리까지 캐내지 않으면, 풀을 뽑아도 뽑아도 계속 자라게 돼."

세찬이가 삽으로 왕바랭이의 뿌리를 캐냈다. 흙이 잔뜩 묻은 수염 같은 뿌리가 나왔다.

"어, 그런데 뿌리 모양이 서로 다르네?"

세찬이가 쇠비름과 왕바랭이를 번갈아 보며 말했다. 안느가 캔 쇠비름은 굵은 뿌리가 가운데 있고, 그 옆에 가는 뿌리털이 나 있었다.

"쌍떡잎식물과 외떡잎식물은 떡잎 모양이 다른 것처럼 뿌리 모양도 달라. 쇠비름은 쌍떡잎식물, 왕바랭이는 외떡잎식물이거든."

수호가 쇠비름과 왕바랭이를 나란히 놓고 설명을 했다.

"뿌리는 흙 속의 물과 양분을 빨아들이는 일을 해. 뿌리털이 많을수록 흙에 닿는 부분이 많아져서 더 많은 물과 양분을 흡수할 수 있어."

수호가 안경테를 살짝 만지며 설명을 마쳤다. 안느가 수호 옆으로 다가가 손에 모종삽을 쥐어 주었다.

"자, 너도 풀 뽑아."

아이들은 묵묵히 풀을 뽑았다. 나무 밑에 누운 도깨비 박사의 코 고는 소리가 가끔 들려왔다. 밭 한쪽에는 뽑은 풀이 점점 높이 쌓여 갔다.

　꼬르륵! 세찬이 배에서 소리가 났다. 꾸룩꾸룩, 꾸르륵! 수호와 안느의 배에서도 요란한 소리가 터져 나왔다.

　도깨비 박사가 기지개를 켜며 일어나더니, 아이들 쪽으로 다가왔다.

　"자, 가자."

　"어…… 어디로요?"

　아이들이 슬금슬금 뒷걸음질을 쳤다.

　"허허, 녀석들, 배꼽시계가 울렸으니 밥을 먹어야 할 것 아니냐. 오늘 점심은 뭘로 할까? 감자? 고구마?"

　집으로 걸어가는 도깨비 박사의 발걸음이 왠지 가벼워 보였다.

또 뿌리는 흙 속의 양분과 물을 흡수해서 줄기와 가지에 전달해. 그 덕에 식물이 자랄 수 있는 거야.

양분이랑 물 간다!

오케이!

어떤 식물은 직접 뿌리에 양분을 저장하기도 해. 고구마, 당근, 무가 그렇지.

와! 내가 좋아하는 고구마, 당근, 무다!

네가 안 좋아하는 음식이 있었어?

근데 뿌리는 어떻게 흙 속에 있는 물과 양분을 흡수해?

물어봐 줘서 고마워. 그냥 넘어갈까 했는데.

그냥 넘어가도 되는데···.

뿌리의 생김새

 뿌리에는 뿌리털들이 달려 있어. 이 뿌리털이 물과 양분을 흡수해. 흡수된 물과 양분은 줄기를 거쳐 식물 곳곳으로 이동하지.

뿌리털
뿌리털이 많을수록 흙 속에서 더 많은 물과 양분을 흡수할 수 있어.

체관
잎에서 만들어진 양분이 이동하는 길이야.

피층
표피와 내피 사이의 세포층이야.

표피
겉껍질을 말해.

내피
물관과 체관을 보호하는 속껍질이야.

물관
뿌리에서 흡수한 물과 양분이 이동하는 길이야.

생장점
식물의 뿌리 끝에 있으면서, 뿌리를 길게 자라게 해. 생장점을 다치면 식물이 잘 자라지 못해.

뿌리골무
죽은 세포가 쌓인 단단한 부분으로, 생장점을 보호해 줘.

 생장점은 우리 몸의 성장판 같은 역할을 하는구나.

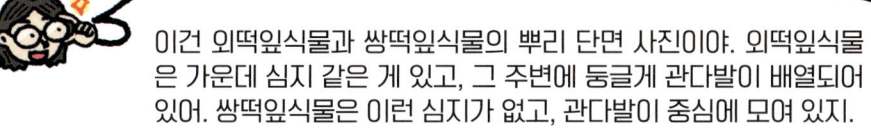

이건 외떡잎식물과 쌍떡잎식물의 뿌리 단면 사진이야. 외떡잎식물은 가운데 심지 같은 게 있고, 그 주변에 둥글게 관다발이 배열되어 있어. 쌍떡잎식물은 이런 심지가 없고, 관다발이 중심에 모여 있지.

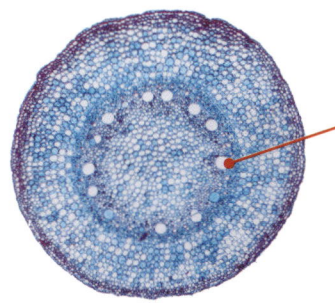
옥수수(외떡잎식물)의 뿌리 단면

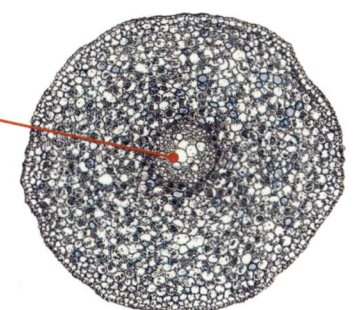
미나리아재비(쌍떡잎식물)의 뿌리 단면

관다발

관다발? 꽃다발 같은 건가? 혹시 드라큘라 백작의 관?!

물이 이동하는 물관, 양분이 이동하는 체관을 통틀어 관다발이라고 해. 뿌리에서 줄기까지 긴 빨대가 있다고 생각해 봐.

관다발이 없으면 양분이 줄기나 잎으로 갈 수가 없어.

깨약~

멀 꾸물대냐? 늦게 오면 밥 없다.

LEVEL UP 뿌리가 양분을 흡수하는 걸 도와주는 세균이 있어. 궁금하면 155쪽 과학 레벨업 하기를 살펴봐!

줄기의 생김새와 하는 일

식물의 줄기를 잘라 보면, 뿌리의 관다발이 줄기까지 이어져 있는 걸 볼 수 있어. 뿌리에서 흡수한 물과 양분이 줄기를 거쳐 꽃과 잎으로 이동하지. 아! 형성층도 관다발이야.

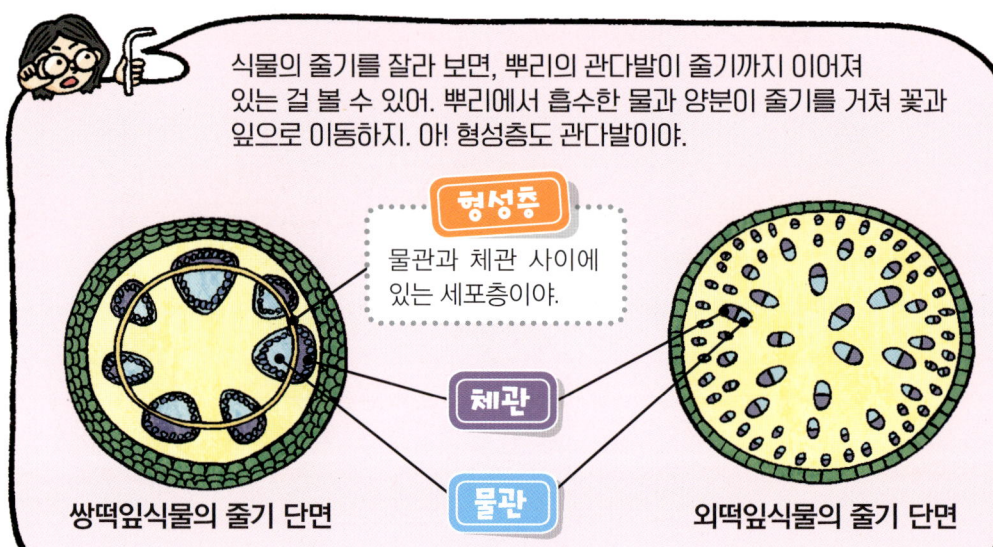

형성층: 물관과 체관 사이에 있는 세포층이야.

체관 / 물관

쌍떡잎식물의 줄기 단면 / 외떡잎식물의 줄기 단면

어? 외떡잎식물은 형성층이 없네?

형성층은 쌍떡잎식물에만 있어. 줄기가 옆으로 두꺼워지게 하는 역할을 하지. 해마다 나무가 굵어지는 것도 형성층이 있기 때문이야.

쌍떡잎식물의 줄기

외떡잎식물의 줄기

 **LEVEL UP** 나무의 나이테도 형성층 때문에 생겨. 나이테가 궁금하면, 156쪽 과학 레벨업 하기를 살펴봐!

 줄기는 식물의 몸을 서 있게 지지해 주는 역할도 하지만, 물과 양분을 저장하는 일도 해.

선인장은 줄기 속에 물을 저장해.

감자는 줄기 속에 양분을 저장해. 그러니까 우리가 먹는 감자는 사실 줄기야. 줄기의 일부가 부풀어 오른 거지.

 줄기를 잘 살펴보면 여러 종류로 나눌 수 있어.

곧은줄기
땅 위로 곧게 자라는 줄기야. 소나무, 해바라기, 옥수수, 진달래 등이야.

땅속줄기
줄기가 땅속에 있는 경우를 말해. 땅속에서 옆으로 길게 뻗어 나가다가 중간중간 땅 위로 줄기나 잎을 내는 것도 있고, 감자나 토란처럼 줄기가 양분을 저장해 부풀어 오른 경우도 있어.

덩굴줄기
가늘고 길어서 다른 사물에 매달려 자라. 그중 나팔꽃은 감는줄기, 담쟁이덩굴은 기어오르는줄기야.

기는줄기
땅 위를 기듯이 뻗어 나가는 줄기야. 딸기, 고구마 등이야.

우리는 꽃섬에서 도깨비 박사님을 만났어.
박사님은 식물에 대해서는 모르는 게 없는 것 같아.
이번 장에서는 <u>식물의 잎</u>에 대해 재미있는 사실을
많이 알게 될 거야. 소나무 잎은 왜 뾰족할까?
가을이 되면 왜 잎은 단풍이 들까?
궁금하다면, 우리와 함께 고고!

"아이구, 허리야."

세찬이가 이불 위에 누우며 앓는 소리를 냈다.

"돌아가면 털뭉치 할머니께 따질 거야. 이건 분명 사기야."

안느도 왼팔, 오른팔을 번갈아 가며 두드렸다.

"수호야, 넌 안 아파? 하긴 너, 아까 풀은 안 뽑고 자꾸 딴 생각하더라."

"이것 좀 봐."

수호가 엽서를 뚫어져라 쳐다보며 말했다.

"이게 왜."

수호의 손이 안경테로 다가가자, 세찬이와 안느가 벌떡 일어나 수호 가까이 모여들었다.

"뭔가 알아낸 거야?"

"너희, 얼굴 좀 치워. 부담스러워. 이 식물 어디서 본 것 같지 않아?"

"모르겠는데."

세찬이와 안느가 고개를 절레절레 흔들었다.

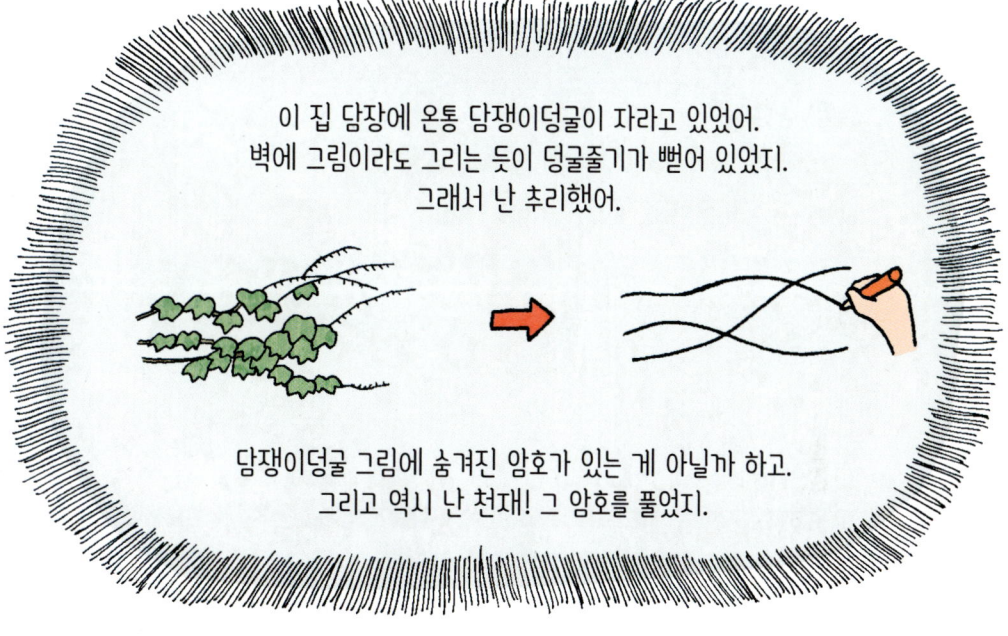

이 집 담장에 온통 담쟁이덩굴이 자라고 있었어.
벽에 그림이라도 그리는 듯이 덩굴줄기가 뻗어 있었지.
그래서 난 추리했어.

담쟁이덩굴 그림에 숨겨진 암호가 있는 게 아닐까 하고.
그리고 역시 난 천재! 그 암호를 풀었지.

수호가 말을 멈추고 둘의 얼굴을 차례차례 보았다.

"뭐야, 그냥 말해. 60초 뒤에 알려 주겠습니다, 이런 말 하지 말고."

"헤, 눈치챘어?"

이럴 때 수호는 천재가 아니고 딱 바보다.

"자, 여기 봐. 덩굴줄기를 아무렇게나 그린 것 같지만, 왼쪽 위에서부터 손으로 따라 그리면 글자가 나와."

"에스…… 오…… 에스!"

세찬이와 안느가 입을 모아 외쳤다.

"그래, 도깨비 박사님은 도와 달라는 구조 신호를 이 엽서에 숨겨 보낸 거야. 그래서 털뭉치 할머니가 우릴 이 섬으로 보낸 거지."

"난 또 뭐라고. 밭일 할 사람이 없어서 도와 달란 거잖아."

안느가 별거 아니라는 듯 말하자, 수호는 고개를 절레절레 저었다.

"아니야, 다른 비밀이 있는 게 틀림없어. 나의 뇌가 그렇게 말하고 있다고."

쨍쨍쨍 땡그랑 쨍쨍! 꽹과리를 두드리는 듯한 요란한 소리가 났다. 방문을 여니 도깨비 박사가 찌그러진 냄비를 숟가락으로 두드리고 있었다.

"안경이, 곱슬머리, 삐죽이! 어서 나와서 일들 하거라."

그러면서 냄비를 아이들 앞에 놓아 주었다.

"안경이는 쌀 씻고, 곱슬머리는 호박잎을 따오고, 삐죽이는 마당을 쓸거라."

안느가 냄비를 들고 일어나며 투덜거렸다.

"그것 봐. 우린 속았어. 돌아가면 가만 있지 않을 거야."

도깨비 박사는 툇마루에 걸터앉아 아이들에게 이것저것 지시를 내렸다.

자자~ 빨리빨리 움직여.

점심상이 차려졌다. 호박잎 쌈과 된장찌개가 전부였다. 안느는 젓가락을 들었다 놓았다를 몇 번이나 하다 물었다.

도깨비 박사는 잠깐 말을 멈추고, 호박잎 위에 밥을 올려 쌈을 쌌다. 세찬이가 안느에게 속삭였다.

"도깨비 박사님, 누구랑 닮지 않았어?"

안느도 작은 목소리로 대답했다.

"수호가 할아버지가 되면 저럴 것 같아."

수호가 쌈을 맛있게 먹고 있는 도깨비 박사에게 물었다.

"박사님, 궁금한 게 있어요. 담쟁이덩굴이 만든 에스, 오, 에스는 무슨 의미……."

쉿! 수호의 말이 채 끝나기도 전에 도깨비 박사가 손가락을 입에 대며 조용히 하라는 신호를 보냈다. 그러더니 툇마루 밑에 벗어 놓은 고무신을 급히 신었다.

"너희, 그만 먹고 따라오너라. 큰 소리 내지 말고 조용히."

수호와 안느, 세찬이는 영문도 모른 채, 운동화를 구겨 신고 도깨비 박사를 따라나섰다. 도깨비 박사는 집 뒤편으로 돌아가더니, 산 쪽으로 걸음을 옮겼다.

잠시 뒤, 끼익~ 하는 요란한 소리와 함께 도깨비 박사의 집 앞에 검은 자동차가 도착했다. 자동차에서 내린 남자 두 명이 대문을 두드리며 도깨비 박사를 찾는 소리가 들렸다.

도깨비 박사는 뒤도 돌아보지 않은 채 산길을 올랐다. 한참 올라가자, 더 이상 시끄러운 소리가 들리지 않았다.

"아이고, 다리야. 여기서 쉬자."

도깨비 박사가 소나무 아래 자리를 잡고 앉았다.

"박사님, 저 사람들 누구예요? 왜 도망가는 거예요? 혹시 돈 빌리고 안 갚으셨어요?"

안느가 숨을 가쁘게 몰아쉬며 물었다.

"예끼, 녀석아! 내 평생에 빚 진 적은 없다……가 아니라, 늘 빚을 지고 있지."

도깨비 박사의 심각한 표정에 아이들도 걱정스러운 얼굴이 되었다. 도깨비 박사가 소나무의 거칠고 굵은 줄기를 손으로 쓰다듬으며 말했다.

"아낌없이 주는 이 식물들에게 매일 빚을 지며 살고 있단다."

나뿐 아니라 너희도 마찬가지니라. 특히 소나무는 피톤치드를 많이 내뿜지. 어디 그뿐이냐, 예로부터 우리 조상들은 소나무에게 많은 것을 얻어 왔어. 마른 솔가지는 땔감으로 쓰고, 꽃가루로는 다식을 만들어 차와 함께 먹었지."
"송편을 찔 때도 솔잎을 깔잖아요."
세찬이의 대답에 도깨비 박사가 흐뭇한 웃음을 지었다.
"그래, 솔잎이 나쁜 세균을 막아 주는 역할을 하지. 녀석들, 볼수록 맘에 드는구나."

"박사님, 그런데 솔잎은 왜 뾰족해요?"

세찬이가 가느다란 소나무의 잎을 가리켰다.

"소나무는 사계절 내내 푸른 잎을 달고 있어서 상록수라고 부른단다. 추운 겨울을 견딜 수 있는 건 바로 가늘고 뾰족한 잎 때문이지. 잎에서 물이 증발하는 것을 막아 주거든."

잎 면적이 작아서 물이 덜 증발해.

잎 면적이 넓어서 물이 많이 증발해.

"저기 서 있는 나무를 좀 보렴."

도깨비 박사가 조금 떨어진 곳에 있는 나무를 가리켰다.

"저건 도토리가 열리는 떡갈나무야. 잎이 넓고, 거꾸로 선 달걀 모양으로 생겼지? 저런 잎을 가진 나무들은 겨울이 되면 나뭇잎을 떨어뜨린단다. 햇빛과 물이 부족해서 잎을 달고 있기가 힘들거든."

나무에 대해 설명하는 도깨비 박사의 눈빛이 전과 다르게 진지해 보였다.
갑자기 세찬이가 벌떡 일어나 떡갈나무를 껴안았다.
"박사님, 전 떡갈나무가 좋아요. 왜냐하면 도토리묵을 먹을 수 있으니까요."
"뭐?"
허허허, 도깨비 박사가 황당한 듯 웃음을 터뜨렸다.

 산에서 내려왔을 때, 집 앞에 검은 차는 보이지 않았다. 대신 툇마루 위에 하얀색 봉투가 놓여 있었다. 봉투를 손에 든 도깨비 박사의 손이 부들부들 떨렸다.

잎의 생김새

"담쟁이덩굴 잎은 세찬이 네 머리 같다. 삐죽삐죽해."

"은행나무 잎은 수호 머리를 닮았어."

"식물 잎은 저마다 생김새도 다르고, 잎자루에 붙어 있는 잎의 수, 잎이 나는 차례도 달라."

쌍떡잎식물과 외떡잎식물의 잎을 비교해 볼게.

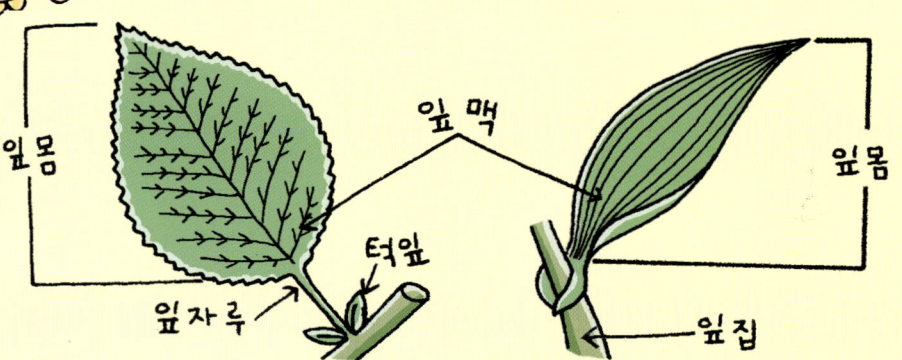

쌍떡잎식물	외떡잎식물
잎자루에 잎몸이 달려 있어.	잎자루가 없고 잎몸이 줄기까지 이어져.
잎이 보통 넓적한 모양이야.	잎이 길쭉한 모양이야.
잎맥이 그물처럼 생겼어(그물맥).	잎맥이 나란히 줄지어 있어(나란히맥).
담쟁이덩굴, 호박, 벚나무 등이야.	벼, 강아지풀, 옥수수 등이야.

"둘이 완전 다르다."

"잎을 이렇게 자세히 본 건 처음이야."

 잎자루에 잎이 붙어 있는 개수에 따라서 홑잎과 겹잎으로 나누어.

홑잎은 잎자루에 잎이 하나씩 붙어 나는 식물이야. 은행나무, 떡갈나무 잎이 홑잎이지.

겹잎은 잎자루에 잎이 여러 개 붙어 나는 식물이야. 아까시나무, 장미가 겹잎이야.

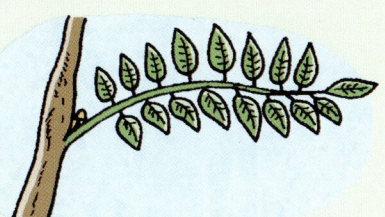

 줄기에 잎이 달리는 모양을 잎차례라고 해. 햇빛을 많이 받을 수 있게 잎이 겹치지 않게 나지. 근데 이 모양도 다 달라.

마주나기 줄기의 마디에 잎이 두 장씩 마주 보고 있어. 단풍나무가 이렇게 나.

어긋나기 마디마다 잎이 한 장씩 어긋나게 나. 담쟁이덩굴, 뽕나무 등이 있어.

돌려나기 마디 하나에 잎이 여러 장 돌아가며 나. 우산나물, 돌나물 등이 있어.

뭉쳐나기 잎 여러 장이 가까이 붙어 뭉쳐 있는 것처럼 나. 은행나무가 그래.

 잎을 생김새에 따라 분류해 보려면, 157쪽 과학 레벨업 하기를 살펴봐!

잎이 하는 일, 하나

"잎은 아주 중요한 일을 해."

"광합성 말이지? 도깨비 박사님이 말해 줬잖아."

"근데 광합성이 정확히 뭐야?"

잎에는 엽록체라는 광합성을 하는 공장이 있어. 엽록체 안에는 엽록소라는 색소가 있지.

엽록체 / 엽록소 / 물 / 빛 / CO_2 / 이산화 탄소

광합성을 하려면 물과 이산화 탄소, 빛이 필요해. 뿌리에서 흡수된 물은 줄기를 거쳐 잎에 전달되고, 이산화 탄소는 잎 뒷면의 기공을 통해 들어오지. 빛은 엽록소가 받아들여.

햇빛에는 여러 색이 들어 있어. 그런데 엽록소는 다른 색은 흡수하는데 초록색은 반사해. 이 반사된 초록색이 우리 눈에 들어와서 잎이 초록색으로 보이는 거야.

 **LEVEL UP** 왜 초록색 잎이 가을에는 붉은색, 노란색으로 바뀌는지 알고 싶으면, 158쪽 과학 레벨업 하기를 살펴봐!

기공? 처음 들어 보는데….

잎 뒷면에 있는 작은 구멍이야. 맨눈으로는 안 보여. 현미경으로 본 기공의 모습이야.

헉! 무슨 괴생명체 눈 같아!

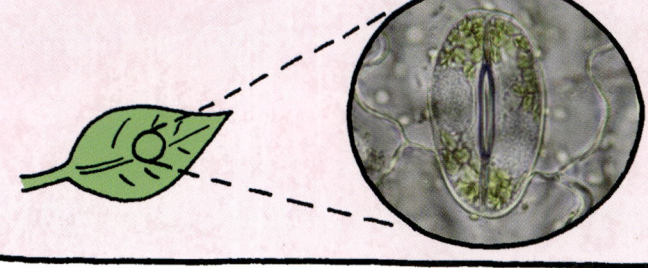

엽록소가 받아들인 빛과 줄기를 통해 올라온 물, 공기 중의 이산화 탄소를 이용해 엽록체가 포도당과 산소를 만들어 내.

광합성으로 생겨난 산소는 공기 중으로 내뿜어져. 포도당은 식물이 살아가는 에너지가 되지.

잎이 하는 일, 둘

 증산 작용은 기공에서 일어나. 낮에는 이산화 탄소도 필요하고 물도 내보내야 하니까 기공을 열어 두고, 밤에는 기공을 닫아 두지.

낮	밤
기공을 열어 둔 모습 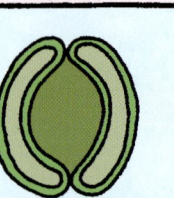 	기공을 닫아 둔 모습 

잎이 하는 일, 셋

세상에 꽃을 싫어하는 사람이 있을까?

아름답고 향기로운 꽃을 보면 기분이 좋아져.
그런데 꽃이 피는 이유를 아니?
식물은 자손을 남기기 위해 온 힘을 다해 꽃을 만들어.
이번 장에서는 꽃의 구조와
곤충을 부르기 위한 식물의 지혜를 알아보자.

4장

도깨비 박사의 비밀

꽃

"도깨비 박사님, 괜찮으실까?"

"그 봉투, 아까 찾아온 사람들이 두고 간 것 같지?"

도깨비 박사는 하얀색 봉투를 열어 보더니, 아이들에게 밭에 가서 호박을 하나 따 오라며 등을 떠밀었다. 아무래도 혼자 있고 싶은 듯했다.

세찬이가 밭 한쪽에서 쭉쭉 뻗어 나가는 호박 넝쿨을 이리저리 들춰 보았다.

"우리가 도울 일이 있으면 좋겠다. 그런데 호박 어디 있지?"

수호와 안느는 밭두렁에 털썩 주저앉았다.

"도깨비 박사님은 농사에는 소질이 없으신가 봐. 수확할 열

매가 안 보여."

"수호야, 뭐 좀 알아낸 것 없어?"

안느가 수호를 보며 물었다.

"아직은 잘 모르겠어. 엽서에 숨겨 놓은 SOS가 단순히 일손이 부족하다는 뜻은 아닌 것 같아."

"나도 그렇게 생각해."

안느가 수호의 대답에 고개를 끄덕였다.

그때였다. 호박잎을 하나씩 들춰 보던 세찬이가 소리를 지르며 달려왔다.

세찬이가 코를 쓱쓱 문질렀다.

"호박꽃 안으로 벌이 들어가길래, 궁금해서 들여다봤거든."

수호가 세찬이 어깨에 손을 짚으며 심각한 얼굴로 말했다.

"넌 지금 호박이 열릴 중요한 순간을 망친 거야."

세찬이가 어리둥절해하며 수호를 바라보았다.

"호박꽃이 벌에게 꿀과 꽃가루를 제공하면, 벌은 그 보답으로 꽃가루받이를 도와줘. 꽃가루받이가 이루어져야 호박이 생기거든."

세찬이 얼굴이 울상이 되었다.

"그럼, 이제 호박 못 먹는 거야?"

안느가 세찬이의 등을 밀었다.

"그만 가자. 네가 방해만 안 하면 호박이 주렁주렁 열릴 거야."

집 가까이 왔을 때였다. 털털거리는 경운기 소리가 들리더니 박씨 아저씨가 뛰어왔다.

"박사님, 박사님, 큰일났소."

박씨 아저씨는 툇마루에 누워 있는 도깨비 박사를 불렀다.

"지금 한가하게 낮잠이나 잘 때가 아니요! 저기 포크레인이 왔당께요."

도깨비 박사는 벌떡 일어나더니, 고무신도 거꾸로 신고 달려 나갔다. 수호와 안느, 세찬이도 엉겁결에 따라 뛰었다. 박씨 아저씨가 뒤따라오며 경운기에 타라고 소리를 질렀다.

경운기는 다섯 사람을 태우고 탈탈거리며 논길을 달렸다.

잠시 뒤 바다 쪽으로 봉긋하게 솟은 언덕 밑에 도착했다. 언덕 아래에는 포크레인 한 대가 서 있었다. 포크레인 옆에는 검은 옷을 입은 남자 두 명이 이야기를 나누고 있었다.

박씨 아저씨가 검은 차 꽁무니에 대고 주먹을 들어 보였다.
"에잇, 나쁜 인간들."
"우와, 지금 무슨 영화의 한 장면을 보는 것 같았어. 그치?"
세찬이가 안느를 보며 물었다.
"도깨비 박사님, 멋지다."
안느도 고개를 끄덕였다. 수호가 박씨 아저씨에게 물었다.
"아저씨, 지금 이 상황을 종합해 볼 때, 도깨비 박사님은 검은 옷을 입은 남자들에게 협박을 받고 있는 것 같아요. 그리고 그건 여기 언덕과 관계가 있어요. 제 추리가 맞나요?"
박씨 아저씨가 얼떨떨한 표정으로 수호를 바라보았다.
"그, 그렇지. 이 언덕으로 말할 것 같으면, 박사님이 몇 십 년을 가꾼 건데, 저 인간들이 망쳐 놓을라고 하는 거여."

도깨비 박사는 터덜터덜 언덕을 올라갔다. 언덕을 빙 둘러 정상까지 사람이 다닐 만한 좁은 길이 만들어져 있었다. 박씨 아저씨와 아이들도 도깨비 박사를 따라 올라갔다.

제법 숨이 찰 때쯤 언덕 꼭대기에 도착했다.

와! 아이들은 더 이상 말을 이을 수가 없었다. 거기엔 색색의 꽃들이 피어 있는 아름다운 꽃밭이 펼쳐져 있었다. 그리고 꽃밭 너머로 푸른 바다가 반짝거렸다.

"너무 예쁘다."

"대단하제? 박사님은 여기를 바다 정원이라고 부른다. 봄, 여름, 가을, 철마다 꽃이 피는데 장관이여. 처음에는 박사님 보고 손가락질하는 사람들도 많았다. 허구한 날 꽃씨를 뿌리고 다니니, 이상하게 보일만도 했제. 그런데 이리 멋지게 변할 줄 누가 알았을 거여."

세찬이가 주저앉아 꽃향기를 맡았다.

"향기가 정말 좋다."

"꽃향기 맡다가 진짜 벌에 쏘일라. 조심해."

"그래, 세찬아, 꽃이 향기를 뿜어내는 건 너를 위한 게 아니야. 나비와 벌을 불러서 꽃가루받이를 하기 위해서지."

수호와 안느가 세찬이를 놀려 댔다. 세찬이가 얼른 손바닥으로 코를 가렸다.

"허허, 안경이 말이 맞긴 하다. 사람들은 아름다운 꽃을 보고 좋아하지만, 사실 식물이 꽃을 피우는 건 자손을 남기기 위해서지. 식물은 스스로 움직일 수 없으니 꽃가루를 옮겨 줄 곤충이 필요하단다. 그래서 곤충의 눈에 잘 띄는 색으로 꽃잎을 물들이고, 달콤한 꿀을 만드는 거야."

도깨비 박사가 어느새 옆으로 다가와 말했다.

저기 방금 벌이 들어간 꽃을 보렴. 꽃 모양이 종 같지? 저런 꽃은 깊숙한 곳에 꿀을 숨기고 있단다. 벌이 꿀을 먹기 위해 들어갔다가 나오면서 꽃가루받이를 도와주게 되는 거야.

꽃가루

도깨비 박사를 쳐다보는 수호의 눈이 빛났다.

"박사님, 저 방금 아주 중요한 사실을 알게 되었어요. 식물은 천재인가 봐요. 저처럼."

안느와 세찬이가 양쪽에서 수호의 팔을 잡아당겼다.

"박사님, 궁금해요. 아까 그 사람들 누구예요?"

안느의 질문에 도깨비 박사가 먼바다를 보며 대답했다.

"이 언덕에 리조트를 짓겠다는구나."

"안 돼요!"

수호와 안느, 세찬이가 동시에 외쳤다.

"이렇게 예쁜 정원을 없앤다고요?"

"말도 안 돼! 박사님, 저희만 믿으세요. 바다 정원, 꼭 지켜 드릴게요."

꽃의 구조

식물마다 색과 모양, 크기가 다른 꽃을 피우지만 꽃의 구조는 비슷해. 암술, 수술, 꽃잎, 꽃받침으로 이루어져 있어.

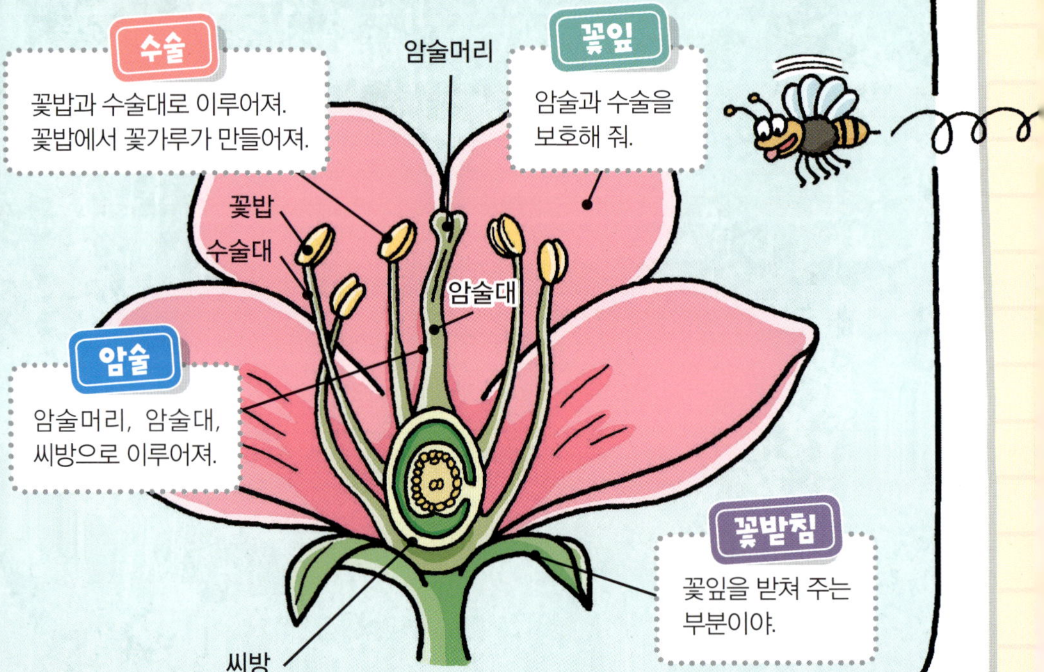

수술
꽃밥과 수술대로 이루어져. 꽃밥에서 꽃가루가 만들어져.

꽃잎
암술과 수술을 보호해 줘.

암술머리
꽃밥
수술대
암술대

암술
암술머리, 암술대, 씨방으로 이루어져.

꽃받침
꽃잎을 받쳐 주는 부분이야.

씨방

꽃을 보면 친근한 느낌이 들어. 나랑 많이 닮았잖아.

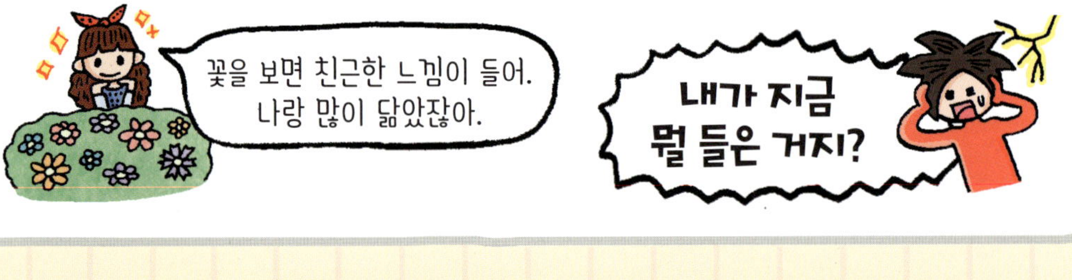

내가 지금 뭘 들은 거지?

한 꽃 안에 수술과 암술이 함께 있는 게 대부분이지만 호박, 오이, 수박 같은 식물의 꽃은 암꽃과 수꽃으로 나뉘어 있어.

호박 암꽃은 암술만 가지고 있어.

호박 수꽃은 수술만 가지고 있어.

꽃가루받이

꽃은 좋은 향기와 눈에 띄는 색으로 곤충을 불러 모아. 나비와 벌 같은 곤충이 꿀을 먹으러 이꽃 저꽃 옮겨 다니면서 수술에 있는 꽃가루를 암술에 묻혀 주지. 이걸 꽃가루받이라고 해.

꿀 먹고 꽃가루 옮겨 주는 거 알지?

꽃가루받이 성공!

잠깐! 꽃잎에 있는 이 무늬는 뭐야? 뭔가 특별한 뜻이 있는 것 같은데?

여기에 꽃이 있다고 알려 주는 거야. 곤충들을 위한 안내 표지판이랄까?

오, 꽃이 무척 똑똑한걸!

그 표시를 알아보는 나도 똑똑해!

벌이다!

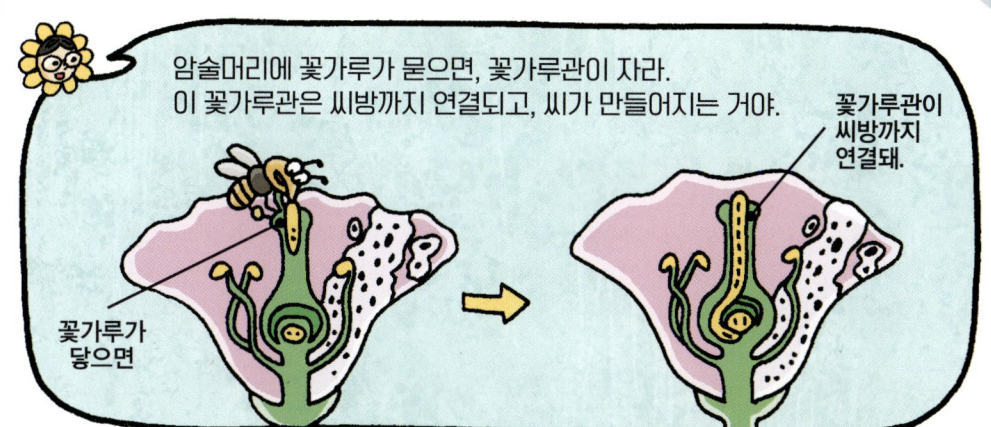

암술머리에 꽃가루가 묻으면, 꽃가루관이 자라. 이 꽃가루관은 씨방까지 연결되고, 씨가 만들어지는 거야.

꽃가루관이 씨방까지 연결돼.

꽃가루가 닿으면

그런데 한 꽃 안에서는 꽃가루받이가 되지 않는 거야?

자기 꽃가루로 꽃가루받이를 하면 튼튼한 씨를 만들지 못해. 그래서 식물은 여러 방법을 써서 다른 꽃의 꽃가루를 받아서 씨를 만들려고 해.

암술과 수술이 자라는 시기를 다르게 하자.

내 꽃가루가 닿으면 아예 씨가 생기지 않게 하자.

다 그런 건 아니란다. 자기 꽃가루를 받아 꽃가루받이를 하는 식물도 있어.

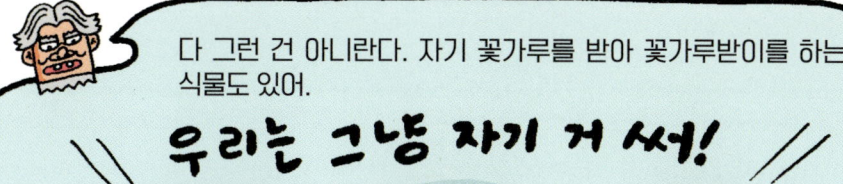

우리는 그냥 자기 거 써!

고추

토마토

별꽃

이렇게 곤충의 도움을 받는 식물을 충매화라고 해. 충매화는 보통 꽃이 화려하고 향이 있어.

장미　　　　　　　　　무궁화

그럼, 곤충이 없으면 꽃가루받이를 못 해?

그렇지 않아. 물, 바람, 새 등의 도움을 받는 식물들도 있어.

 새의 도움을 받는 식물들은 조매화라고 해. 꽃에서 꿀을 빨아먹는 벌새 같은 새들이 꽃가루받이를 돕지.

동백나무

유칼립투스

 뭐, 벌새? 너도 쏘냐?

바람의 도움을 받는 식물들은 풍매화야. 꽃가루가 바람을 타고 날아가 다른 꽃에 닿지.

 곤충을 부를 필요가 없어서인지 꽃이 눈에 잘 안 띄네.

벼

소나무

 꽃가루 양도 엄청나! 에취 에취

 물의 도움을 받는 식물들은 수매화라고 하는데, 꽃가루가 물속이나 물 위에 떠다니다가 다른 꽃의 암술에 붙게 돼.

매화마름

연꽃

 그럼, 내가 도와주면 세매화가 되나?

도깨비 박사님의 바다 정원, 정말 멋지지 않아?
식물이 자손을 남기기 위해 피운 꽃,
꽃이 지고 난 자리엔 무엇이 남을까?
이번 장에서는 <u>열매와 씨의 생김새,
씨를 퍼뜨리기 위해 쓰는 놀라운 전략</u>에 대해 알아보자.

5장

바다 정원을 지켜라

― 열매와 씨 ―

　　박씨 아저씨의 경운기를 타고 돌아오는 길에, 도깨비 박사는 아무 말이 없었다. 세찬이가 경운기가 크게 덜컹거릴 때마다 엉덩이를 들어 올리며 우스꽝스러운 모습을 보였다. 하지만 어두운 분위기는 좀처럼 사라지지 않았다.

　　트륵트륵, 경운기가 멈춘 곳은 박씨 아저씨네 집이었다.

　　"얘들아, 내가 꽃섬에서 제일 가는 농사꾼인 거 모르제. 우리 집 밭에는 토마토가 수박만 하고, 고추가 오이만 하다."

　　"정말요?"

　　세찬이 눈이 방울토마토처럼 동그래졌다.

　　"아마 박사님네 밭은 엉망일 것인디, 호박 한 덩이라도 제대로 열렸는지 모르겠네."

박씨 아저씨가 도깨비 박사를 흘깃 쳐다보았다. 흠흠, 도깨비 박사가 헛기침을 하며 먼 곳을 바라보았다.

아이들이 박씨 아저씨를 둘러싸고 불만을 늘어놓았다.

"그나마 우리가 풀이라도 뽑아서 다행이죠."

"맞아요. 밭이 아니라 밀림인 줄 알았다니까요."

"아저씨, 정말 호박이 열리긴 하나요?"

박씨 아저씨가 어깨를 으쓱거리며 아이들을 데리고 밭으로 갔다.

잘 가꿔진 박씨 아저씨네 밭엔 고추, 가지, 토마토가 줄을 지어 자라고 있었다. 초록색 고추와 빠~알갛게 익은 토마토가 햇빛에 반짝거렸다. 밭두둑 옆으로는 호박 넝쿨이 무럭무럭 자라고 있었다. 호박 넝쿨 사이로 동글동글 익어 가는 초록색 호박들이 보였다.

　"옛말에 '열매는 농부의 발자국 소리를 듣고 자란다.' 이런 말이 있다잉."

　박씨 아저씨 말에 도깨비 박사가 뒤에서 중얼거렸다.

"농부의 발자국 소리는 무슨. 꽃이 피고 곤충이 와서 꽃가루받이를 해 주면, 밑씨와 씨방이 자라 열매가 되는 거지."

세찬이가 시들어 가는 호박꽃을 가리켰다.

"여기 봐. 꽃은 시들고, 그 아래 작은 열매가 생겼어."

박씨 아저씨가 호박 넝쿨을 들어 올리며 제법 큰 호박을 보여 주었다.

"점점 크면 이렇게 되제. 이 호박은 따면 안 되는 거여. 나중에 씨 받을 호박이니께."

"씨를 받아요?"

"호박씨를 심어야 또 호박이 날 것 아니냐. 옛말에 '먹을 건 없어도, 씨앗은 베고 잔다.' 이런 말이 있는 거여."

박씨 아저씨는 아이들 손에 고추, 오이, 호박, 가지, 토마토를 한 봉지씩 들려 주었다. 그리고 도깨비 박사에게는 희한하게 생긴 갈색 열매 한 봉지를 주었다. 동그란 몸에 가시가 삐죽삐죽 나와 있었다.

"이 열매에는 갈고리 같은 가시가 달려 있어서 사람의 옷이나 동물의 털에 잘 달라붙어. 몰래 달라붙어서 '도둑놈 가시'라고도 부른단다. 달여서 차로 마시면 몸에 좋지."

"어릴 때는 도꼬마리 열매로 친구들하고 장난도 많이 했제. 이렇게 던져서 상대방 몸에 붙이는 놀이도 하고."

박씨 아저씨도 옛날 생각이 나는지 도꼬마리 열매 하나를 꺼내 수호에게 던졌다. 수호가 재빨리 몸을 피했지만, 열매는 바지에 철썩 붙었다.

세찬이와 안느가 수호를 보며 웃어 댔다.

"수호야, 다리를 더 빨리 움직여야지."

"뭐? 너희, 거기 서!"

수호가 도꼬마리 열매를 한 움큼 던지려다가 멈칫했다.

"이거야, 이거! 역시 난 뇌가 다리보다 빨라."

수호는 모두를 불러 모았다.

"아까 검은 옷을 입은 사람들이 하는 말 들으셨죠. 오늘은 달도 없는 깜깜한 밤이라고요."

"응, 그러면서 흙을 파는 시늉을 했잖아."

안느가 분하다는 듯 말했다.

"그 사람들은 오늘 밤에 바다 정원을 파헤칠 생각이야."

도깨비 박사도 고개를 끄덕였다.

"그래, 나와 몇몇 사람들이 말을 안 들으니 그런 비열한 방법을 쓰려는 거지."

"무슨 좋은 방법이라도 있어?"

세찬이가 수호를 보며 물었다.

"도깨비불 작전을 쓸 거야. 이 도꼬마리 열매를 이용해서."

다시 도깨비 박사 집으로 돌아오자마자, 수호와 세찬이가 가방에서 도구들을 꺼내 주르륵 늘어놓았다. 도깨비 박사와 박씨 아저씨가 놀란 눈으로 쳐다보았다.

"느그들은 원래 이런 걸 짊어지고 다니냐?"

수호와 세찬이가 서로 마주 보며 씨익 웃었다.

"지난번에 산에서 길을 잃은 적 있거든요. 또 그런 일이 있을까 봐 이것저것 가지고 다니고 있어요. 이걸 이용해서 새총

을 만들 거예요. 세찬아, 새총 만들 수 있지?"

세찬이가 자신 있게 고개를 끄덕였다.

"물론이지. 만들기라면 내게 맡겨."

해가 지기 전에, 수호와 세찬이는 모든 준비를 마쳤다. 다섯 사람은 새총과 도꼬마리 열매가 가득 들어 있는 봉지를 들고 바다 정원으로 올라갔다.

해가 바다 너머로 사라지자, 깜깜한 어둠이 몰려왔다. 바다 정원의 꽃들도 꽃잎을 닫고 잠을 자는 것 같았다.

"얘들아, 나만 믿어라. 새총이라면 이 마을에서 나를 따라올 사람이 없응께."

박씨 아저씨가 새총을 든 손으로 가슴을 탕탕 쳤다.

얼마 뒤, 부스럭거리며 풀 밟는 소리가 들렸다. 그리고 두 개의 손전등 불빛이 나타났다. 낮에 본 검은 옷을 입은 남자들이었다.

두 사람은 언덕을 올라오느라 숨이 찬지 헉헉거렸다. 그러다 잠시 뒤에 꽃밭 중앙으로 저벅저벅 걸어 들어왔다. 무거운 발걸음에 꽃들이 밟혔다. 두 사람은 큰 삽을 들더니 땅을 파헤치기 시작했다.

"저, 저 나쁜 녀석들!"

도깨비 박사가 수염을 부르르 떨었다. 수호가 신호를 보내자

네 개의 손이 새총을 당겼다.

슈우~웅! 피유~웅! 번쩍이는 열매가 남자들을 향해 날아갔다. 도꼬마리 열매에 칠해 둔 발광 페인트가 날아가면서 빛을 낸 것이다.

도깨비 박사는 나뭇가지로 냄비를 두드려 큰 소리를 냈다. 갑작스레 들려오는 요란한 소리와 빛을 내며 날아오는 물체를 보고 검은 옷을 입은 남자들은 깜짝 놀랐다. 게다가 빛을 내는 물체가 몸에 들러붙더니 떨어지지 않았다.

"으악, 이게 뭐야?"

둘은 몸에 붙은 것을 떼어 내려 몸을 흔들어 댔다. 그 모습이 꼭 탈춤이라도 추는 듯 우스웠다.

그 사이에 더 많은 열매가 날아와 여기저기 붙었다. 사방에서 날아드는 불빛을 보고, 한 명이 먼저 달아나기 시작했다.
"도…… 도깨비…… 도깨비다!"
다른 한 명도 삽을 집어던지고 뒤따라 뛰어갔다. 컴컴한 길에서 우당탕 넘어지는 소리가 들려왔다.
도깨비 박사가 냄비 치는 것을 멈추고 일어섰다. 아이들도 새총을 내려놓고 서로 손바닥을 마주쳤다.
"성공! 성공이야!"
박씨 아저씨가 수호와 안느 세찬이를 얼싸안았다.
"아이고, 이 복댕이들. 다 느그들 덕분이다. 안 그렇습니까."
도깨비 박사도 얼굴 가득 웃음을 띠며 고개를 끄덕였다.

아니! 씨방뿐 아니라 꽃받침, 꽃받기같이 꽃의 일부가 열매가 되기도 해.

감은 씨방이 열매가 돼.

사과는 꽃받기가 열매가 돼.

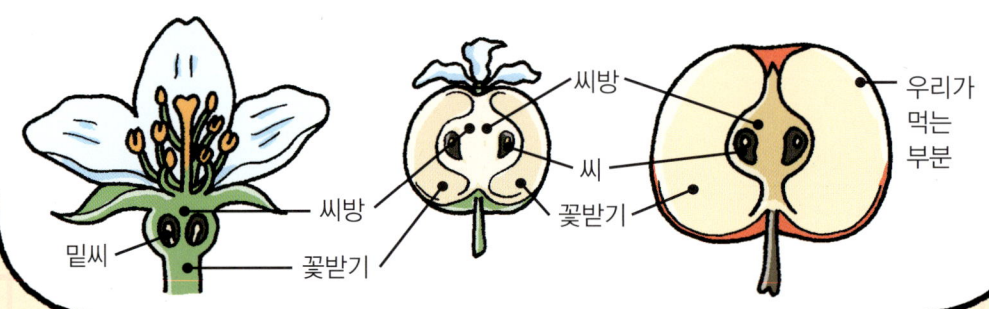

식물이 씨를 퍼뜨리는 방법

하나!

맛있는 열매를 맺는 거야. 동물들이 열매를 먹고 똥을 싸면 씨가 밖으로 나올 테고, 여기저기 옮겨질 수 있으니까.
아! 그리고 씨가 다 여물었을 때 비로소 열매가 먹음직스러운 붉은색으로 변해. 씨가 여물기 전에는 잎과 비슷한 초록색을 띠고, 시거나 떫은맛이 나지.

이 감은 떫어서 못 먹어.

오! 맛있겠다. 근데 누가 먼저 먹었잖아?

앗, 떫어!

식물이 이렇게 똑똑한지 몰랐어.

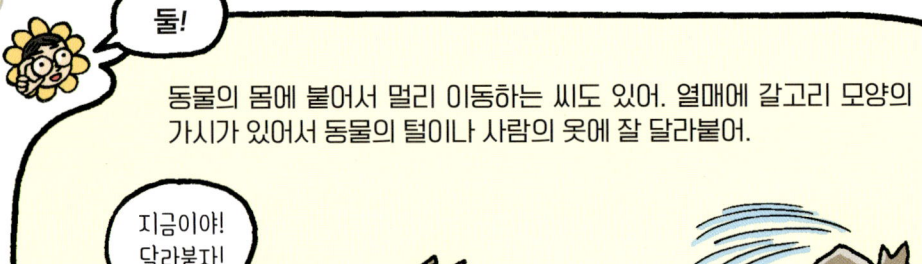

동물의 몸에 붙어서 멀리 이동하는 씨도 있어. 열매에 갈고리 모양의 가시가 있어서 동물의 털이나 사람의 옷에 잘 달라붙어.

이런 식물에는 도꼬마리 외에도 도깨비바늘, 미국가막사리 등이 있어.

도꼬마리

도깨비바늘

미국가막사리

LEVEL UP 식물의 특징을 본뜬 발명품이 궁금하면, 159쪽 과학 레벨업 하기를 살펴봐!

 씨로 번식하지 않고, 줄기나 잎으로 번식하는 식물도 있어. 씨를 심어서 키우는 것보다 빠르고 튼튼하게 자라는 장점이 있지.

 농사의 달인 등장! 이건 내 전문이랑께.

 딸기
줄기가 땅에 기듯이 자라는데, 줄기 끝에서 새로 잎이 나면서 뿌리를 내리지. 이런 걸 모종이라고 하는디, 이 새끼 모종을 잘라서 심으면 되는 거여.

 **감자**
싹이 튼 감자를 씨감자라고 하는디, 이걸 몇 조각으로 나눠서 심으면 되는 거여.

 **고구마**
줄기를 잘라서 흙에 심으면 뿌리를 내리제.

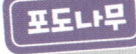 **포도나무**
가지를 꺾어서 심으면 포도나무가 또 한 그루 생기제.

 **산세비에리아**
잎을 잘라서 심으면 뿌리를 내려서 새로 자라는 거여.

사막, 강, 연못, 열대 우림…

식물은 지구 곳곳에서 다양한 모습으로 살아가.
하나하나 자세히 들여다보면 환경에 맞춰
영리하게 살아가는 걸 확인할 수 있지.
이번 장에서는 식물들이 어떤 곳에서
어떤 모습으로 살아가는지 알아 보자.

6장

어긋난 우정

다양한 곳에 사는 식물들

"일단 1단계 계획은 성공이야. 그 사람들 지금쯤 도깨비가 아니라 도꼬마리 열매인 걸 알아챘겠지?"
수호가 삶은 감자를 설탕에 콕 찍으며 말했다.
"아마 도꼬마리 열매 떼어 내느라 고생 좀 할 거야."
세찬이가 고소하다는 듯 큭큭거렸다.

"안느야, 잘 되고 있어?"
수호가 등을 돌린 채 앉아 있는 안느에게 물었다.
"응, 지금 보내는 중이야. 말 걸지 마. 지금 내 손에 이 섬의 운명이 달려 있으니까. 그리고 너희 둘, 감자 다 먹지 마."
안느가 핸드폰에서 눈을 떼지 않은 채, 바쁘게 손가락을 움직였다.

"감자가 뿌리가 아닌 줄기라니. 이제 감자 먹을 때마다 생각날 것 같아."

세찬이가 감자를 크게 한 입 베어 물면서 말했다.

"세찬아, 꼭꼭 씹어서 먹어. 말하면서 먹으면 소화가 잘 되지 않아. 소화가 잘 되려면, 우선 입안에서 음식이 침과 함께 골고루 섞일 수 있도록 꼭꼭 씹어 줘야……."

"그만!"

어느새 안느가 옆자리에 와서 수호의 입에 방울토마토를 넣어 주었다.

"내일 2단계 계획이 성공해야 바다 정원을 확실하게 지킬 수 있을 텐데."

"그런다고 리조트 개발이 취소될까?"

"우리가 할 수 있는 일은 다 해 보는 거지. 계획대로 되면 리조트 개발에 찬성했던 섬사람들 생각도 바뀌게 될 거야. 아름다운 섬을 그대로 지키면서 개발도 할 수 있는 방법이 생기는 거니까."

수호가 심각하게 말하는 사이, 접시 위에 있던 감자와 방울 토마토는 모두 사라졌다.

"너희, 진짜 치사해. 내가 꽃섬의 미래에 대해 심각하게 얘기하는 사이에……."

"어허, 싸우지들 말거라. 박씨가 뭘 자꾸 가져오는구나."

도깨비 박사가 상 위에 김이 모락모락 나는 옥수수가 담긴 쟁반을 올려놓았다.

"그런데 2단계 계획이 뭐냐? 우린 이제 한 팀인데 나도 알아야 되지 않겠느냐?"

안느가 옥수수를 집으려는 세찬이의 손등을 탁 쳤다.

"야, 어른부터 드셔야지. 박사님, 옥수수 드세요."

안느가 건네는 옥수수를 들고, 도깨비 박사가 껄껄 웃었다.

"오냐, 곱슬머리가 생각보다 예의가 바르구나."

"박사님, 옥수수 드시면서 얘기 좀 해 주세요. 대체 털뭉치 할머니, 그러니까 저희를 이 섬으로 보낸 분과 어떤 관계세요?

그것부터 말씀해 주시면, 2단계 계획을 알려 드릴게요."

"저희도 너무 궁금해요. 박사님, 제발요."

수호와 세찬이도 도깨비 박사를 졸라 댔다.

도깨비 박사는 잠시 망설이더니, 서랍장 안에서 낡은 앨범을 하나 꺼내 왔다.

"이걸 보면 궁금증이 풀릴 거다."

앨범을 펼치자, 그 속엔 젊은 시절의 도깨비 박사가 있었다. 흰 수염은 없었지만 헝클어진 머리는 여전해서 금방 알아볼 수 있었다.

"박사님, 여기가 어디예요?"

수호가 사진 한 장을 가리켰다.

도깨비 박사가 커다란 늪에서 배를 타고 있는 사진이었다.

"어디 보자. 수생 식물을 연구하러 우포늪에 갔을 때 찍은 사진이구나."

"수생 식물요?"

"물속에서 자라는 식물을 말하는 거란다. 우포늪은 다양한 수생 식물을 관찰하기 좋은 곳이지. 여기, 자라풀도 있고, 마름이랑 개구리밥 사진도 있구나."

도깨비 박사가 물 위에 뜬 초록색 식물 사진들을 손가락으로 하나하나 짚었다.

"산이나 들에만 식물이 많은 줄 알았는데, 물에도 이렇게 많은 식물이 살고 있네요."

세찬이가 신기한 듯 사진을 들여다보았다.

"박사님, 이 꽃은……."

수호가 옆에 있는 붉은 꽃을 가리켰다. 도깨비 박사가 거대한 붉은 꽃 옆에 앉아 있었다.

"이건 말레이 제도의 보르네오섬에서 찍은 사진이구나. 열대 우림에 사는 식물들을 연구하러 갔을 때지."

"세계에서 제일 크다는 꽃, 라플레시아 맞죠? 책에서 봤어요. 정말 그렇게 고약한 냄새가 나요?"

수호가 물었다.

"그래, 이 꽃은 지름이 1미터나 되는 아주 큰 꽃이지. 고기 썩는 냄새가 나는데, 얼마나 지독한지 몰라."

"그런데 꽃만 있고, 잎과 줄기가 안 보이네요."
세찬이가 이상하다는 듯 꽃을 살폈다.

"너무 재미있어요. 저도 이렇게 세계를 다녀 보고 싶어요. 다른 사진도 보여 주세요. 혹시 사막에도 가 보셨어요?"
수호가 눈을 반짝였다.

"그럼, 가 봤지. 신기한 식물이 있는 곳이라면 안 가 본 곳이 없어. 여기 있구나."

도깨비 박사가 키가 아주 큰 선인장과 찍은 사진을 보여 주었다.

"중앙아메리카에 있는 사막에 사는 '사구아로'라는 선인장이란다. '기둥선인장'이라고도 부르지. 키가 10미터도 넘게 자라는 아주아주 큰 선인장이야."

와, 아이들의 눈이 커졌다.

"선인장이 아니라 거대한 나무 같아요."

"맞다. 아메리카 원주민에게 사구아로는 아낌없이 주는 나무 같은 존재야. 사구아로 속에 있는 딱딱한 심으로 집을 짓기도 하고, 열매를 따서 잼을 만들어 먹기도 하거든."

도깨비 박사는 앨범을 뒤져 가며, 다양한 환경에 사는 신기한 식물들을 계속 보여 주었다.

돌멩이처럼 생긴 선인장, 눈 내리는 추운 곳에서 사는 선인장도 있었다.

"어? 이 선인장은 뭐예요?"

사진 속 꽃은 눈부시게 하얀 모습을 뽐내고 있었다.

"이 선인장은 열대 지역의 숲속에 사는 월하미인이야. 밤에만 크고 향기로운 꽃을 피워. 그 향기가 어찌나 좋은지, 향기를 따라 박쥐나 나방이 훨훨 날아온단다."

옛날을 생각하는지 도깨비 박사의 눈이 촉촉해졌다.

"그런데 이 앨범과 털뭉치

할머니가 무슨 관계가 있어요?"

안느의 말에 도깨비 박사가 어깨를 움찔했다.

"그건 말이다, 이 사진들을 찍어 준 사람이야."

아이들은 놀랐다는 듯 서로를 쳐다보았다.

"그럼, 두 분이 함께 식물을 연구하셨던 거예요?"

"그런데 왜 30년간 서로 연락도 안 하신 거예요?"

흠흠, 도깨비 박사가 헛기침을 했다.

"젊은 시절에 우린 둘도 없는 친구 사이였어. 함께 세계 곳곳을 다니며 희귀한 식물을 연구했지. 그런데 말이야."

도깨비 박사가 잠시 말을 멈추더니, 머리를 긁적거렸다.

"싸⋯⋯ 싸웠어."

아이들이 얼른 말해 보라는 듯 빤히 쳐다보았다.

"그게⋯⋯, 어느 날 내가 하나 남은 라면을 몰래 먹었거든."

"그렇게 그 할망구가 화가 나서 내가 연구하고 있던 전설의 꽃씨를 홀라당 버렸고, 그 뒤로 만나지도 않고 연락도 안 한 거야."

"박사님, 전설의 꽃씨라면 할머니가 지금도 가지고 계세요."

안느가 안타까운 표정으로 말했다.

"뭐? 그럼 그때 꽃씨를 진짜로 버린 게 아니었구나."

도깨비 박사는 계속 그랬구나, 그랬구나 하며 되뇌었다. 세찬이가 슬며시 웃으며 말을 건넸다.

"박사님, 이제 할머니랑 화해하셔도 되겠어요. 할머니도 박사님을 정말 걱정하시는 눈치던데요."

"어허, 화해는 무슨! 너희는 이제 그만 자거라."

도깨비 박사는 헛기침을 하며, 얼른 일어나 밖으로 나가 버렸다.

"세상에! 겨우 라면 때문에 30년이나 연락을 안 한 거야?"

안느가 이해할 수 없다는 표정을 지었다.

"겨우 라면이라니! 콩 한쪽도 나눠 먹으라는 속담 몰라? 난

털뭉치 할머니 마음이 완전 이해돼."

세찬이는 안느를 답답해했다.

"어쨌든 이제 다시 우정이 시작될 것 같지?"

수호의 말에 안느도 세찬이도 고개를 끄덕였다.

사막의 식물, 선인장

아까 사구아로 선인장 진짜 컸지?

사막은 비도 잘 안 오는데 어떻게 그렇게 크게 자랐을까?

사막의 식물들은 건조하고 낮밤 기온 차가 엄청 큰 환경에 맞춰서 스스로를 변화시켰어.

우리는 물이 부족한 사막에서 살아가기 위해 이런 노력들을 했어.

잎을 뾰족한 가시로 바꾸어서, 잎에서 나가는 물을 아꼈지.

껍질이 단단해서 물이 잘 빠져나가지 않아.

줄기를 통통하게 만들어서 물을 저장하지. 줄기를 보면 주름이 있는데, 비가 오면 주름이 펴지며 물을 더 많이 저장할 수 있어.

비 안 올 때 / 비 올 때

가시는 동물들이 선인장을 먹지 못하도록 지켜 주는 역할도 하지.

목은 마르지만… 엄청 따갑겠지?

LEVEL UP 사막에서 사는 다른 식물들이 궁금하면, 160쪽 과학 레벨업 하기를 살펴봐!

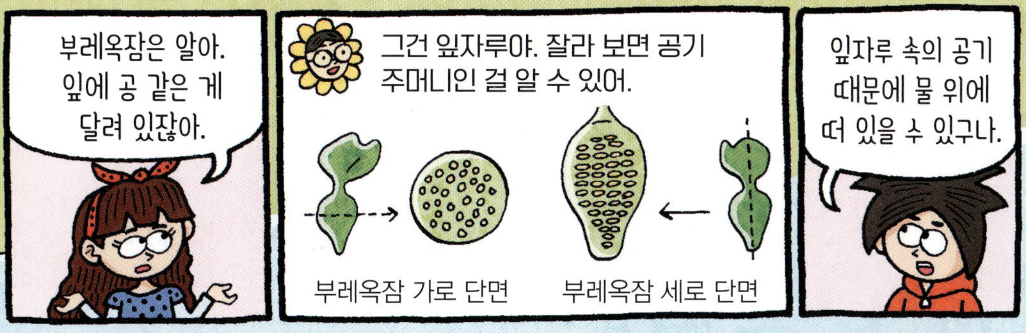

부레옥잠은 알아. 잎에 공 같은 게 달려 있잖아.

그건 잎자루야. 잘라 보면 공기 주머니인 걸 알 수 있어.

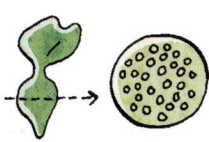
부레옥잠 가로 단면

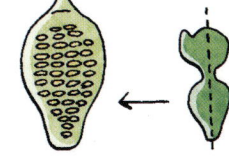
부레옥잠 세로 단면

잎자루 속의 공기 때문에 물 위에 떠 있을 수 있구나.

잎이 물 위에 떠 있는 식물
뿌리는 물속 땅에 묻혀 있지만 잎이 물에 둥둥 떠 있어. 가래, 마름, 수련 등의 식물이지.

잎이 물 위로 높게 자라는 식물
물의 흐름을 견디고 높이 자랄 수 있는 튼튼한 줄기가 있어. 뿌리를 물속 땅에 내리고 물 밖으로 높이 자라지. 창포, 연꽃, 부들 등이 있어.

가래
연꽃
부들
마름
수련
창포

열대 우림의 식물들

그래도 역시 가장 인상적이었던 건 라플레시아였어요.

열대 우림에는 라플레시아 말고도 특이한 식물들이 많아.

타이탄 아룸

수마트라섬에 사는 세상에서 가장 큰 꽃이야. 꽃의 높이가 무려 약 3미터나 돼. 썩은 고기 냄새를 풍겨서, 파리나 송장벌레들을 불러들여.

킁킁

고무나무

열대 우림에는 고무나무가 있어. 비스듬하게 상처를 내면 하얀 수액이 흘러내리는데, 이 수액이 바로 라텍스야. 천연 고무지.

완전 물놀이 튜브다!

아마존 빅토리아 수련

브라질의 아마존강에서 자라는데, 잎의 지름이 3미터까지 크기도 해.

"열대 우림에는 곤충을 잡아먹는 식물도 있어." "뭐라고?" "이런 식물을 벌레잡이 식물 또는 식충 식물이라고 하지."

벌레잡이통풀

잎의 일부분이 통처럼 변했지. 통 안쪽 벽은 엄청 미끄럽고, 통 안에는 소화액이 들어 있어. 꿀을 먹으러 온 곤충이 미끄러져 소화액에 빠지면 못 빠져나오고 그대로 끝! 큰 건 새나 개구리도 잡아먹는대.

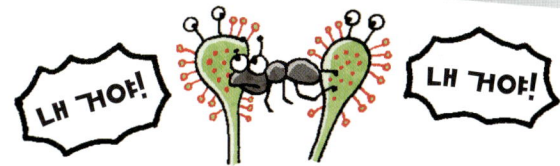

끈끈이주걱

주걱처럼 생긴 잎에 긴 샘털이 나 있어. 곤충이 이 샘털에 달라붙으면 잎으로 곤충을 감싼 다음, 소화액을 내어서 먹이를 분해해.

파리지옥

입속에 가시 같은 감각털이 있는데, 그 털을 건드리면 재빨리 입이 닫히면서 벌레를 잡아. 한번 닫히면 빠져나가지 못하지.

우리처럼 식물들도 한생을 살지.
씨에서 싹이 나고, 줄기와 잎이 자라고,
꽃이 피고, 열매가 열리고, 씨가 맺히는 것.
그걸 <u>식물의 한살이</u>라고 해.
이번 장에서는 식물의 한살이를 통해
생명의 신비함과 그 의미를 느껴 보자.

7장

뜻밖의 구세주

식물의 한살이

"아저씨, 배 언제 도착해요?"
세찬이가 박씨 아저씨에게 물었다.
"한 번만 더 물으면 백만 스물 두 번째랑께. 좀만 있으면 올 것이여."
수호와 안느도 바다 쪽으로 목을 쭉 뺀 채 기다렸다.
"정말 올까?"
"올 거야. 온다고 했어."
안느가 확신에 찬 목소리로 대답했다.
"어, 저기 배 온다."

좀만이 몇 분이죠?

백만 스물 세 번째!!

"어디? 어디?"

수호의 말에 세찬이가 옆으로 달려왔다.

"네 눈엔 아직 안 보일 거야. 내가 쓰고 있는 스페셜한 안경이 있어야 보이거든."

"뭐야, 안경에 망원경이라도 달려 있다는 거야? 그러다가 위험할 때는 안경이 로봇으로 변신한다고 하겠다."

"어? 너, 어떻게 알았어?"

수호가 들켰다는 듯 안경을 손으로 가리며 도망치는 시늉을 했다. 그러다 갑자기 얼굴이 하얗게 질리며 말을 더듬었다.

아이들이 검은 옷을 입은 남자들 앞을 막아섰다.

"뭐야, 이 꼬맹이들은."

남자의 한 팔이 휙 올라갔다. 그때였다.

"아따, 배 들어온다!"

박씨 아저씨가 소리쳤다. 어느새 배는 선착장에 도착해 다리를 놓고 있었다.

"안느야, 수호야, 세찬아!"

영웅이가 큰 소리로 이름을 부르며 손을 흔들었다. 영웅이 뒤로 반 친구들과 선생님의 얼굴도 보였다. 수호와 안느, 세찬이가 손을 맞잡았다.

"왔어. 정말 와 줬어."

배에서 내리는 많은 사람들을 보자, 검은 옷을 입은 남자들은 슬금슬금 뒤로 물러섰다.

"쟤는 오영웅이 아니여? 유소년 축구계의 슈퍼스타가 우리 섬에 왠일이당가."

박씨 아저씨가 흥분한 듯 목소리를 높였다. 영웅이와 반 친구들이 수호와 안느, 세찬이를 둘러쌌다.

"너희가 보낸 사진, 우리가 SNS로 널리 알렸어. 사람들이

얼마나 많이 모였는지 배가 작아서 다 타고 오지도 못했어."

영웅이 말대로 배에서 사람들이 계속 내리고 있었다. 배는 다시 돌아가서 기다리는 사람들을 태우고 올 거라고 했다.

"영웅아, 고마워. 얘들아, 고마워."

수호 눈에 눈물이 글썽글썽했다.

"뭘, 이 정도 가지고. 내 팔로우 수가 어마어마한 건 알고 있지? 이것 좀 봐. 어제 안느가 보낸 사진 올린 거야."

영웅이가 핸드폰을 보여 주었다.

도깨비 박사는 배에서 내린 사람들을 데리고 바다 정원으로 출발했다. 꽃섬에 이렇게 많은 외지인들이 한꺼번에 온 건 처음이라고 했다. 사람들이 줄을 지어 걸어가자, 꽃섬 주민들도 신기한 듯 바라보았다.

"아따, 이게 무슨 일이여."

"도깨비 박사가 만든 바다 정원 보러 왔다는디."

수호와 안느, 세찬이도 신이 나서 함께 걸었다.

언덕 위에 올라 푸른 바다와 색색의 꽃을 본 사람들은 하나같이 말을 잇지 못했다. 찰칵찰칵, 여기저기서 사진 찍는 소리가 들려왔다.

"혼자 이 언덕을 가꾸신 거예요? 언제부터요? 언덕에 꽃밭을 가꾼 이유가 있나요?"

방송국과 신문사에서 나온 기자들이 도깨비 박사를 둘러싸고 질문을 퍼부었다.

"흠흠, 제가 꽃섬에 온 건 조용히 식물을 연구하기 위해서였죠. 그러다 이 아름다운 섬을 알리고 싶어서 꽃씨를 하나둘 뿌리고 가꾸다 보니……. 허허허."

도깨비 박사는 신이 나서 식물에 대한 이야기를 줄줄 늘어놓았다.

"그런데, 리조트 개발 때문에 이 바다 정원이 없어질 위기에 처했다고 하던데요?"

한 기자가 질문을 했다. 도깨비 박사의 하얀 수염이 부르르 떨렸다.

"맞습니다. 꽃섬 주민들의 의견은 제대로 듣지도 않은 채, 개발을 밀어붙이는 자들이 있지요."

"더 자세하게 말씀해 주시겠습니까?"

그때 아이들이 기자의 팔을 잡아당겼다.

"저기요, 저기!"

기자는 아이들이 가리키는 곳을 보았다. 언덕 위 큰 나무 뒤에 숨은 검은 옷자락이 보였다. 검은 선글라스를 쓴 얼굴이 나무 뒤에서 나타났다가 사라졌다가 하며 이쪽을 쳐다보고 있었다.

"저 사람들이 밤에 몰래 와서, 이렇게 큰 삽을 가지고……."

아이들은 그동안의 일들을 줄줄 늘어놓았다.

기자들은 검은 옷의 남자들이 숨어 있는 나무 쪽으로 달려

갔다. 자기들을 향해 다가오는 기자들을 보자, 검은 옷을 입은 남자들은 또다시 허둥지둥대며 달아나기 시작했다. 밝은 대낮인데도 발이 꼬였는지 요란스럽게 넘어지는 소리가 들려왔다. 기자들이 줄줄이 기사를 내면 이제 더 이상 바다 정원을 어쩌지는 못할 것이다.

"해 지기 전에 나가는 배 타야 된당께."

박씨 아저씨가 아쉬워하는 사람들을 다시 선착장으로 데려다주었다.

"이제 우리도 돌아가야지."

수호와 안느, 세찬이의 얼굴에 서운함과 아쉬움이 가득 묻어났다.

돌아가는 배를 기다리고 있을 때, 도깨비 박사는 사람들에게 작은 종이봉투를 하나씩 나눠 주었다.

"박사님, 이게 뭐예요?"

"생명이 들어 있느니라."

도깨비 박사가 알쏭달쏭한 대답을 내놓았다. 수호가 손가락 끝으로 만져 보니 작고 동글동글한 것이 만져졌다.

"씨다. 맞죠?"

"오냐. 이 씨를 심고 싹이 나서 자라는 순간 식물의 한살이가 시작되지. 싹이 잘 자라서 꽃을 피우고, 열매를 맺고, 다시 씨를 만들 수 있게 해 주렴."

안느는 종이봉투를 들고 얼굴을 찡그렸다.
"으~ 박사님, 전 식물 키우는 데는 소질이 없어요."
"씨에서 싹이 나려면 두 가지 조건만 있으면 된다. 그걸 알아내서 잘 가꾸어 보거라."
"박사님, 싹이 터서 꽃이 피고 열매가 열리면 다시 올게요."
세찬이가 씨가 든 종이봉투를 조심스럽게 주머니에 넣었다.
도깨비 박사는 아이들이 탄 배가 점점 멀어져 보이지 않을 때까지 오래오래 손을 흔들어 주었다.

여러 가지 식물의 열매와 씨

참외

사과

채송화

강낭콩

호두

봉숭아

씨는 모양도 색깔도 다양하네. 그런데 왜 어떤 건 씨고, 어떤 건 씨앗이야?

감

대추

씨 중에 채소나 곡식의 씨를 씨앗이라고 해.

씨의 구조

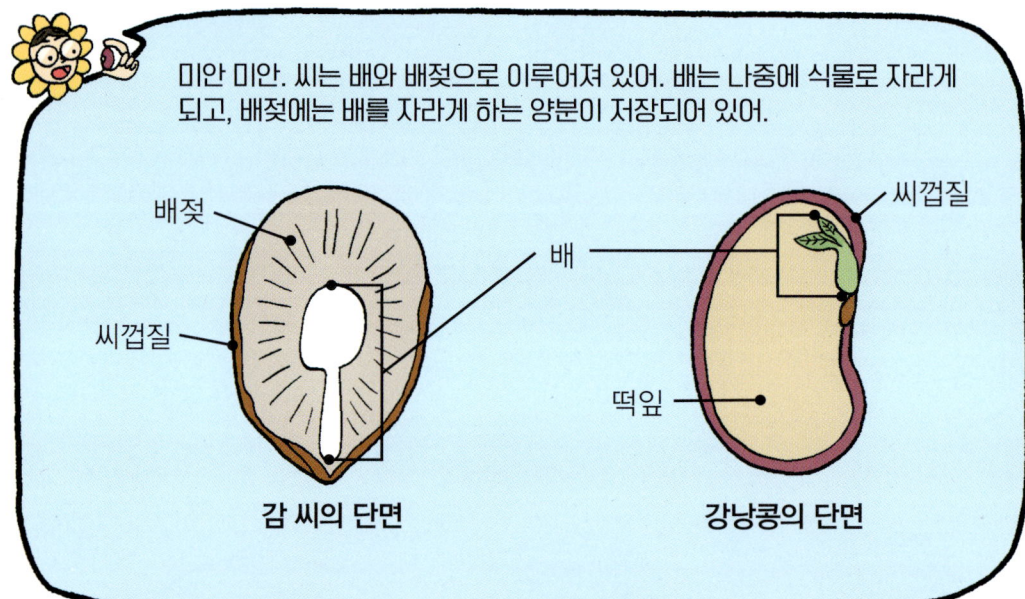

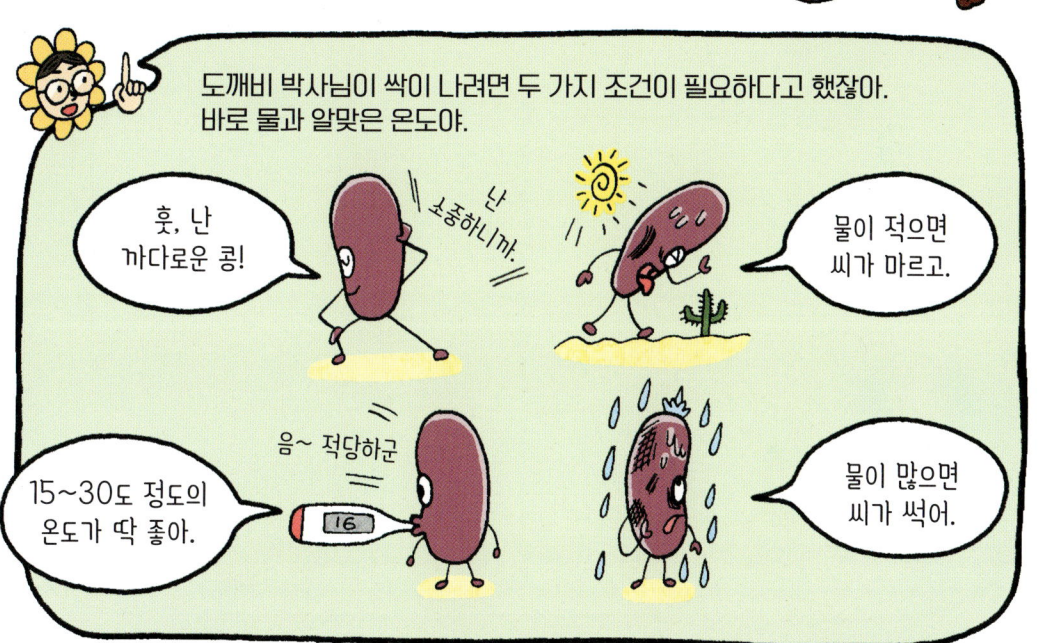

씨는 이렇게 심으면 돼.

① 화분 바닥에 물이 빠지는 구멍이 있어. 망이나 작은 돌로 막아 줘.

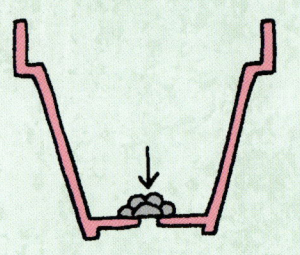

② 거름흙을 4분의 3 정도 넣어 줘.

③ 씨 크기의 2~3배 깊이로 씨를 심고, 흙을 덮어 줘.

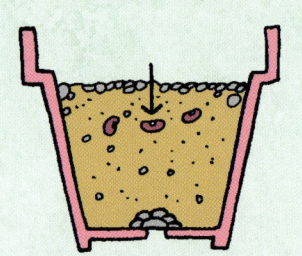

④ 충분히 물을 준 뒤, 햇빛이 잘 드는 곳에 두면 돼.

며칠 뒤

우와, 싹이 났어!

오~ 진짜네?

강낭콩의 한살이가 시작됐군.

한살이?

싹이 터서 자라나 씨를 만드는 과정을 식물의 한살이라고 해. 빛과 적당한 온도, 충분한 물이 있으면 쑥쑥 잘 자랄 거야.

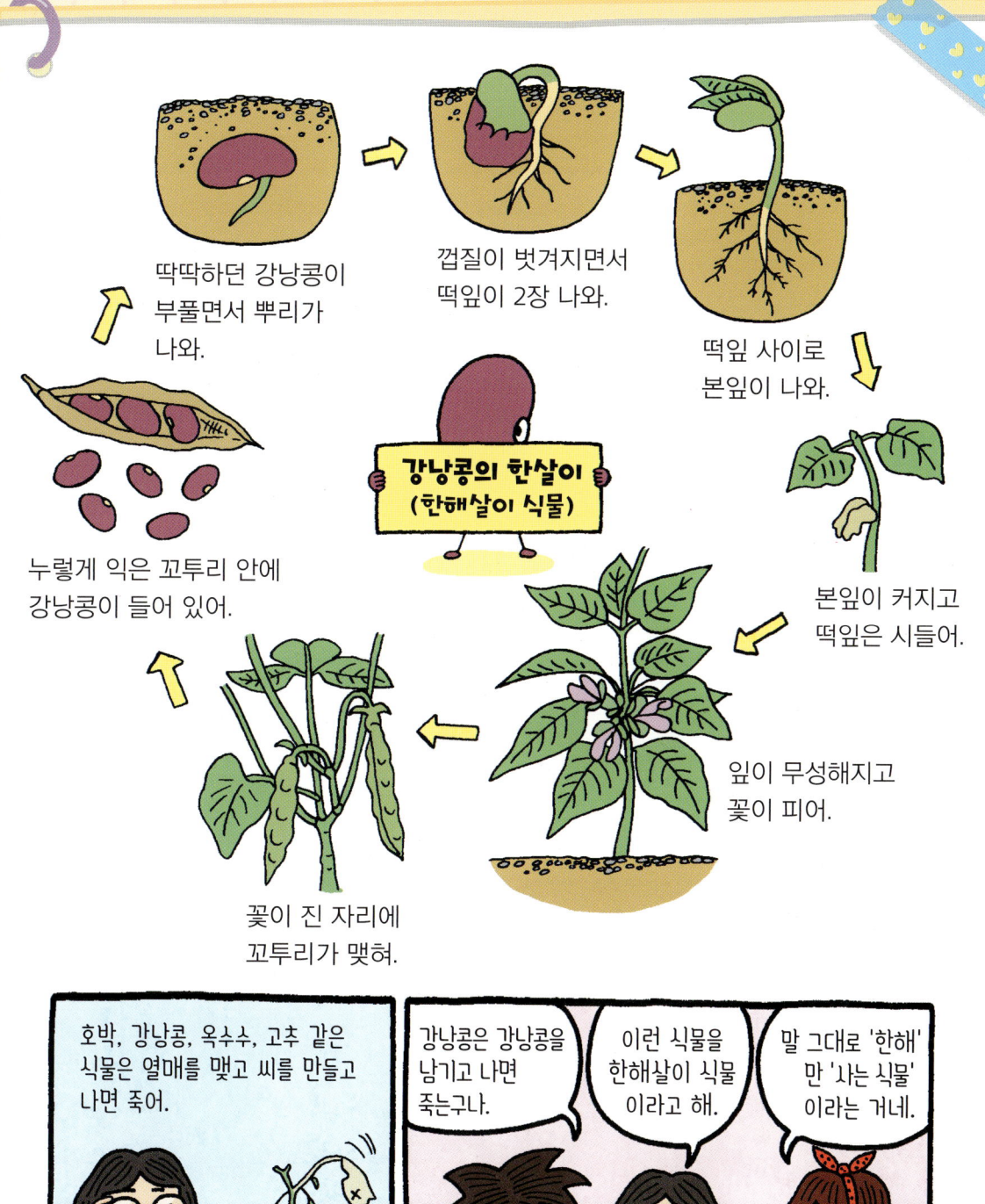

나무는 오랫동안 살잖아.

맞아. 식물의 한살이를 여러 해 반복하는 식물을 여러해살이 식물이라고 해. 감나무의 경우, 겨울이 와도 죽지 않고 다음 해 봄이 되면 새잎이 나오지.

감나무의 한살이 (여러해살이 식물)

싹이 터.

떡잎이 나고 진 뒤, 잎과 줄기가 자라.

감 씨가 흙에 떨어져.

몇 년 뒤 나무로 자라.

가을이 되면 감이 붉게 익어. 그 안에는 씨가 있지.

감나무는 열매를 맺은 뒤에도 죽지 않고 겨울을 난 뒤, 매해 봄 다시 열매를 맺지.

꽃이 지고 열매가 맺혀.

5~6월경 꽃이 피어.

매해 봄이 되면 새순이 나오고 잎과 줄기가 자라.

"들이나 산에 가 보면 한해살이 식물과 여러해살이 식물이 눈에 보일 거야."

"당장 뒷산에 가 보자."

"저번에 길 잃은 거 잊었어?"

풀들은 강아지풀이나 명아주처럼 대부분 한해살이풀들이지만, 민들레나 토끼풀처럼 여러해살이풀들도 있어.

강아지풀

민들레

토끼풀

나무는 모두 여러해살이 식물이야.
한겨울 추위도 잘 견뎌 내고 봄이 되면 새잎이 나지.

소나무

밤나무

감나무

"난 든든한 나무 같은 사람!"

"넌 바람이 살짝만 불어도 휙휙 휘는 풀 같은 사람이거든."

이제 다 끝난 줄 알았지?
아직 하나가 더 남았어!
바로 '과학 레벨업 하기!'
여기까지 정복하면, 어디서든 식물에 관한
과학 지식을 뽐낼 수 있을 거야.
그럼, 진짜 마지막 이야기, 시작한다!

식물 세포와 동물 세포는 어떻게 다를까?

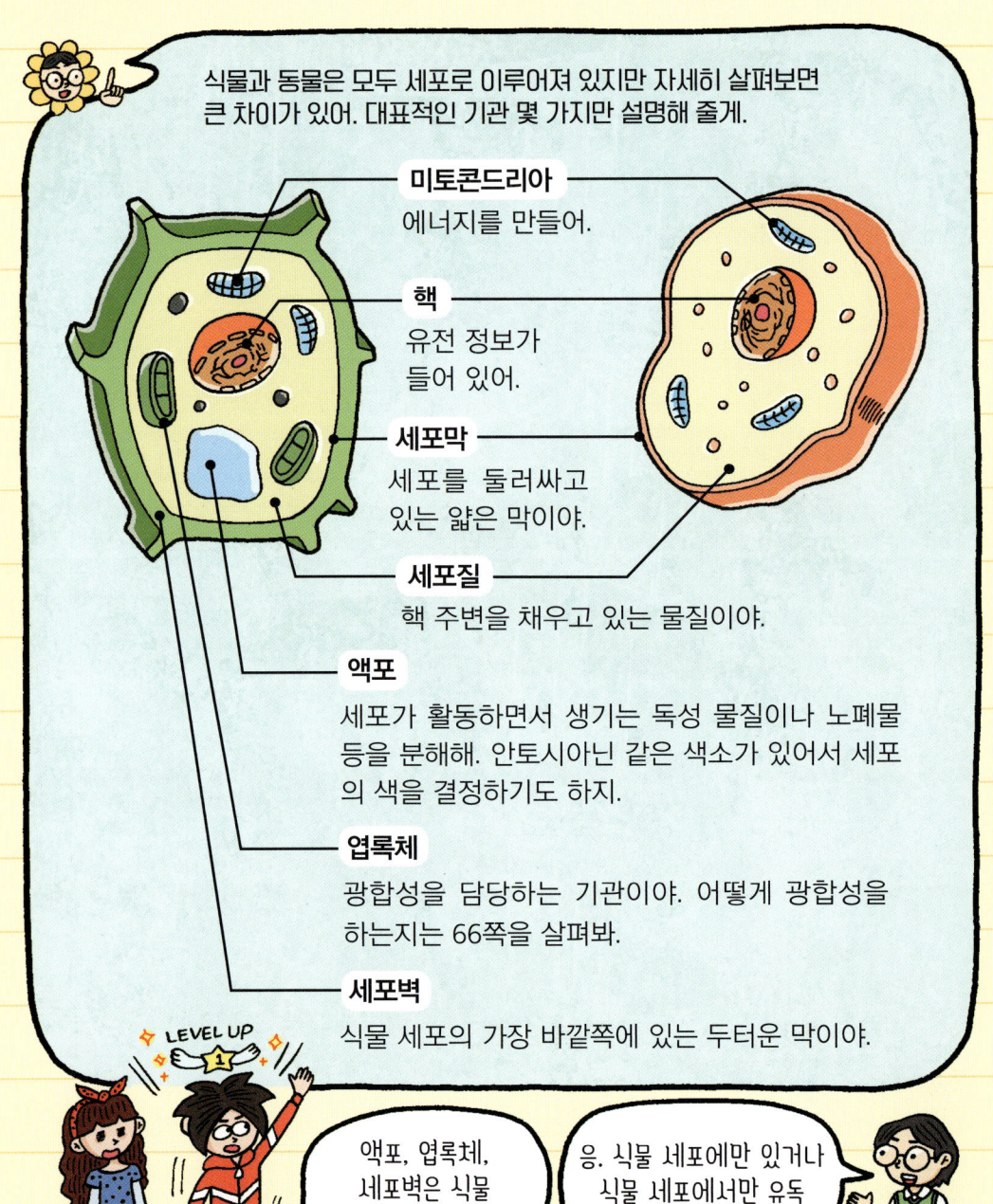

식물과 동물은 모두 세포로 이루어져 있지만 자세히 살펴보면 큰 차이가 있어. 대표적인 기관 몇 가지만 설명해 줄게.

미토콘드리아
에너지를 만들어.

핵
유전 정보가 들어 있어.

세포막
세포를 둘러싸고 있는 얇은 막이야.

세포질
핵 주변을 채우고 있는 물질이야.

액포
세포가 활동하면서 생기는 독성 물질이나 노폐물 등을 분해해. 안토시아닌 같은 색소가 있어서 세포의 색을 결정하기도 하지.

엽록체
광합성을 담당하는 기관이야. 어떻게 광합성을 하는지는 66쪽을 살펴봐.

세포벽
식물 세포의 가장 바깥쪽에 있는 두터운 막이야.

액포, 엽록체, 세포벽은 식물 세포에만 있네?

응. 식물 세포에만 있거나 식물 세포에서만 유독 발달된 기관이야.

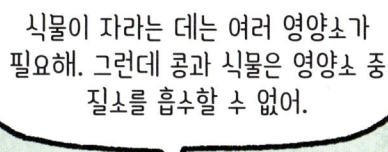

48쪽에 이어서~

나이테는 왜 생기는 걸까?

나무를 자르면 나타나는 둥근 테를 나이테라고 해.

봄, 여름에는 형성층이 활발히 세포를 만들어. 색이 옅고 부드러운 이 부분이야.

가을부터 추운 겨울까지는 형성층이 작고 단단한 세포를 만들어. 색이 진한 이 부분이야.

나이테

이렇게 색이 연하고 짙은 부분이 반복되어 나이테가 생기는 거야. 해마다 나이테가 하나씩 생겨나서 나이테로 나무의 나이를 알 수 있어.

LEVEL UP 2

그래서 풀은 없고 나무만 나이테가 있구나.

그런데 대나무는 안 굵어지잖아.

대나무는 이름 때문에 나무라고 생각할 수 있지만, 사실 나무가 아니라 풀이야. 대나무를 잘라 보면 나이테가 없어. 굵어지지 않고 위로만 자라지.

난 나무가 아니라 풀이야!

잎의 생김새로 분류하기

65쪽에 이어서~

- 잎은 단순히 모양으로도 분류할 수 있어.
- 생김새 말이야?
- 모양이 다 제각각인데 어떻게 분류해?

잘 살펴보면 공통점을 찾을 수 있어.

단풍나무 · 토끼풀 · 강아지풀 · 소나무 · 은행나무 · 버드나무

잎의 전체 모양이 길쭉한가?
- 예 : 강아지풀, 소나무, 버드나무
- 아니오 : 단풍나무, 토끼풀, 은행나무

잎의 끝 모양이 뾰족한가?
- 예 : 단풍나무, 강아지풀, 소나무, 버드나무
- 아니오 : 토끼풀, 은행나무

잎 가장자리가 톱니 모양인가?
- 예 : 단풍나무, 토끼풀, 버드나무
- 아니오 : 강아지풀, 소나무, 은행나무

LEVEL UP 2

- 톱니 모양?
- 잎 끝이 톱니처럼 생긴 거. 이렇게.

왜 가을이 되면 잎의 색이 변할까?

식물을 본뜬 발명품들

107쪽에 이어서~

우리가 사용하는 물건 중에 식물의 기능과 형태를 본뜬 발명품들이 있어.

도꼬마리 열매 → **찍찍이 테이프**

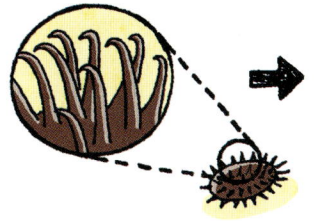 

확대한 모습 보니 진짜 닮았다.

잘 달라붙는 성질을 이용해서 찍찍이 테이프를 만들었어.

단풍나무 열매 / **날개가 하나인 선풍기**

이 선풍기는 떨어지면서 회전하는 단풍나무 열매를 그대로 닮았지?

느릅나무 잎 / **빗물 모으는 장치**

잎의 가운데로 빗물이 모이는 모습을 본떠 만든 거야.

연잎 → **물이 스며들지 않는 옷**

식물의 특징을 이용해서 이런 발명품을 만들다니! 나도 분발해야겠어!

연잎을 현미경으로 확대해 보면 작은 돌기들이 있어. 이 돌기들 때문에 물이 스며들지 않고 또르르 굴러다니지. 이걸 본떠 물이 스며들지 않는 옷을 만들었어.

사막의 다양한 식물들

"사막에는 선인장 외에도 다양한 식물들이 살고 있어."

"몇 가지 재미있는 것들을 소개해 주마."

"마치 뿌리가 하늘로 자란 것 같지? 아프리카에서 자라는 바오바브나무야. 무려 20~30미터까지 자라지. 뿌리가 키보다 더 깊이 뻗어서 땅속 깊은 곳의 물을 찾을 수 있고, 굵은 몸통에 물을 저장해 두어서 건조한 곳에서도 이렇게 크게 자랄 수 있는 거야."

"이 식물은 잎이 용의 혀처럼 생겼다고 해서 용설란이라고 해."

"가장자리 가시가 엄청 날카롭네요."

"저 이거 알아요! 회전초죠? 사막 여기저기를 막 굴러다니잖아요."

"맞아. 물이 부족하면 온몸이 바싹 말라서 뿌리가 끊어져 이렇게 굴러다니지만 비가 오거나 물이 있는 곳에 가면 다시 땅에 뿌리를 내리고 쑥쑥 자라."